bhv PRAXIS

Videos auf DVD

DVD-Authoring mit Ulead DVD PowerTools

Steffen Göhrs

bhv PRAXIS

Videos auf DVD

DVD-Authoring mit Ulead DVD PowerTools

Dieses Buch wurde der Umwelt zuliebe auf chlorfrei gebleichtem Papier gedruckt.

verlag moderne industrie Buch AG & Co. KG, Landsberg
Königswinterer Str. 418
D – 53227 Bonn
www.vmi-Buch.de

07 06 05 04 03

10 9 8 7 6 5 4 3 2 1

1. Auflage

ISBN 3-8266-7325-5

Printed in Italy

Inhalt

Einleitung 7
Konzeption und Aufbau des Buches 7
Voraussetzungen 7
Inhalt der Buch-CD 11

1 LSX-MPEG Encoder Suite installieren und verwenden 13
Installation des LSX-MPEG Encoders 14
Standalone LSX-MPEG Encoder 22
LSX-MPEG Premiere Plug-In 30
VCD-Datei erstellen 39
S-VCD-Datei erstellen 46
DVD-Datei erstellen 54

2 Capturing und Vorbereitungen 61
Ulead DVD PowerTools starten 62
Die Arbeitsoberfläche 63
Die Menüleiste 63
Start 64
Aufnahme 64
Bearbeiten 64
Menü 65
Beenden 65
Die Werkzeugleiste 65
Der Monitor 66
DVD-Beispielprojekt 67
Projekteinstellungen 67
Capturen (Aufnahme) 72
Clips einsehen 82
Clips löschen 83
Vorhandene Clips importieren und editieren 85
Kapitel für einen Clip festlegen 91

3 DVD-Menüs erstellen 97

Neues Menü erstellen 98

Menüs und Buttons einrichten 102

Menü anpassen 103

Schaltfläche einstellen 108

Text einstellen 119

Projekt testen 121

Bestehendes Projekt öffnen 125

Standbild als Hintergrund 127

Untermenüs erstellen 133

Menüsteuerung erstellen 146

4 DVD brennen 151

Notwendige Einstellungen 152

5 Super-Video-CDs erstellen 157

MPEG2-Datei importieren 158

Menü erstellen 166

S-VCD brennen 178

6 Tipps und Tricks 185

Abspielen der Titel festlegen 186

Eigene Bilder als Hintergrund einfügen 187

Index 189

Einleitung

Konzeption und Aufbau des Buches

Videoschnitt am PC ist längst nicht mehr nur eine Nischenanwendung für Profis, sondern hat zunehmend auch Einzug in den privaten Bereich gehalten. Doch das schönste Video ist nicht viel wert, wenn es nicht angemessen präsentiert wird. Aus diesem Grund beschäftigt sich der vorliegende Titel mit den Möglichkeiten *nach dem Videoschnitt*. Praxisnah und leicht verständlich wird demonstriert, wie Sie Ihre gedrehten und geschnittenen digitalen Videos auf einen Datenträger bringen und (Super-)Video-CDs sowie DVDs inklusive Menüs, Schaltflächen und weiteren pfiffigen Elementen erstellen und gestalten. Auch Informationen über geeignete Hard- und Software kommen in diesem Praxisbuch nicht zu kurz. Dabei richtet sich das Buch an alle Anwender, die sich schnell und effizient in die Thematik einarbeiten möchten, ohne sich durch seitenlange theoretische Abhandlungen quälen zu müssen.

Voraussetzungen

MPEG-Encoder

Das Format, auf dem eine DVD oder S-VCD basiert, ist das Format *MPEG2*. Über dieses Format sind DVD-ROMs oder DVD-Player in der Lage, die auf einer DVD oder S-VCD befindlichen Audio- und Videodaten wiederzugeben. So müssen alle Clips bzw. das fertige Projekt unter Adobe Premiere als MPEG2 erstellt werden. Um nach allen Seiten »offen« zu sein, empfehle ich den MPEG-Encoder von *Ligos*. Diese Software erstellt Ihnen hochwertige und kompatible MPEG1- und MPEG2-Dateien als Vorstufe für Ihre Produktionen. Besitzen Sie ein Produkt der Firma Pinnacle Systems (z.B. DV500 oder ProOne), so können Sie auch das Pinnacle-Format *MP2* verwenden. Voraussetzung für deren Weiterverarbeitung ist jedoch der Einsatz der Software *Pinnacle Impression* oder *Pinnacle Impression Pro*. Eine DVD-Produktion mit einer anderen Software ist nicht möglich. Demzufolge gehen wir in diesem Buch nicht näher auf Pinnacle Impression ein.

Ulead DVD PowerTools

Für den Einstieg in die DVD-Produktion empfehlen wir die Software *Ulead DVD PowerTools*. Mit dieser Software sind Sie in der Lage, schnell und unkompliziert sowohl Super-Video-CDs als auch DVDs zu erstellen. Zudem ist diese Software eine preiswerte und sehr gute Alternative zu den Softwarepaketen, die Sie unter Umständen beim Erwerb eines DVD-Recorders vorfinden. Auch wird der Einstieg in eine DVD-Produktion von geringeren Kosten begleitet als bei vergleichbaren Softwarelösungen.

CD

Auf der beiliegenden Buch-CD finden Sie eine Testversion der Software Ulead DVD PowerTools.

Verwendete Hard- und Software

Hinsichtlich dieser Beschreibung wurde folgende Hard- und Software verwendet:

Hardware:

⇨ INTEL Pentium III 700MHz // 128MB RIMM auf ASUS P3B-S

⇨ 2 x IBM HDD UDMA 2 x IBM SCSI HDD

⇨ Ricoh MP5120A DVD-Recorder IDE

⇨ Yamaha 10/20/40 CD-Recorder DIE

Software:

⇨ LSX-Encoder Suite 2.0 von Ligos

⇨ Adobe Premiere 6.0

⇨ Ulead DVD PowerTools (Ulead DVD Workshop)

Formate und Standards

Das Format ist ein entscheidender Faktor bei der DVD-Produktion. So unterscheidet sich das Format für eine Super-Video-CD-Produktion (kurz: S-VCD) erheblich von dem Format für eine DVD-Produktion. In den nachfolgenden Tabellen sind die wichtigsten Formate aufgelistet, die Sie beachten sollten.

Jede Konvertierung aus Premiere heraus ist mit Rechenkapazität und Zeit verbunden. Je näher Sie sich am bestehenden Format orientieren, umso schneller erfolgt auch eine Konvertierung.

Beispiel:

Liegt Ihr Videoprojekt in Adobe Premiere im AVI-Format 720x576 vor, dann geht eine Konvertierung zu DVD-MPEG2 schneller vonstatten als eine Konvertierung zu S-VCD-MPEG2. Der Grund liegt in der Tatsache, dass das Format nicht umgerechnet werden muss.

Eine Übersicht sämtlicher Spezifikationen erhalten Sie im Profile Manager des LSX-MPEG Encoders, auf welchen wir in den folgenden Kapiteln noch näher eingehen werden.

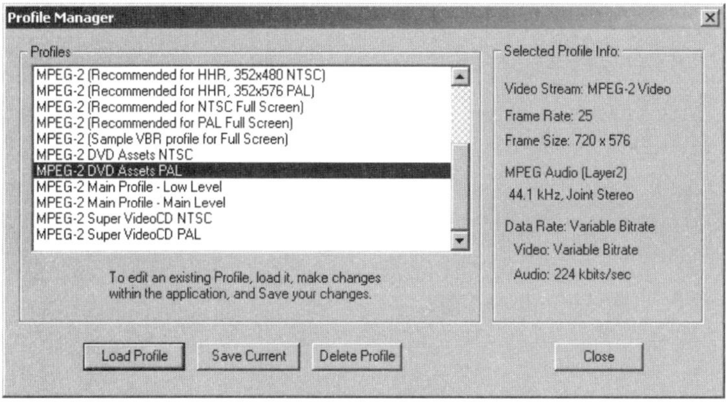

Abb. E.1: Profile Manager

Formattabelle:

NTSC	Framegröße (Hz)	Audio (Kbps)	Video+Audio (Kbps)	Video Datenrate (Kbps)	Audio Bit (Kbps)
DVD MPEG-2	352 x 240 352 x 480 704 x 480 720 x 480	48000	<10080	<9800	96 ~ 384
VCD MPEG-1	352 x 240	44100	1374	1150	224
S-VCD MPEG-2	480 x 480	44100	<2744	(A + V) – A	96 ~ 384

PAL	Framegröße (Hz)	Audio (Kbps)	Video+Audio (Kbps)	Video Datenrate (Kbps)	Audio Bit (Kbps)
DVD MPEG-2	352 x 288 352 x 576 704 x 576 720 x 576	48000	<10080	<9800	96 ~ 384
VCD MPEG-1	352 x 288	44100	1374	1150	224
S-VCD MPEG-2	480 x 576	44100	<2744	(A + V) – A	96 ~ 384

LSX-MPEG-Encoder-Versionen

Es gibt drei Versionen des LSX-MPEG Encoders:

⇨ Standalone LSX-MPEG Encoder:
Eine eigenständige Software zum enkodieren von AVI-Dateien unter Windows-Betriebssystemen.

⇨ LSX-MPEG Premiere Plug-In:
Ein Plug-In für den Einsatz unter Adobe Premiere. Diese Version läuft NICHT unabhängig, d.h., ohne Adobe Premiere ist diese Version nicht nutzbar.

⇨ LSX-MPEG Encoder Suite:
In dieser Version sind die ersten beiden Versionen enthalten.

WEB

Informationen zum Erwerb und eine kostenlose Demo-Version erhalten Sie im Internet auf *www.ligos.com* oder bei ISAT-Computers unter *www.isat-computers.de*.

Inhalt der Buch-CD

Auf der Buch-CD finden Sie neben Testversionen der Software Ulead DVD PowerTools sowie Ulead PhotoImpact 8 ein Beispielprojekt, welches wir für diese Beschreibung angefertigt haben. Somit können Sie die in diesem Buch beschriebenen Schritte leichter nachvollziehen. Weiterhin stellen wir Ihnen Clips im DVD- und S-VCD-Format zur Verfügung, die Sie beim Erlernen verwenden können. Sollten Sie die Ulead DVD PowerTools bereits installiert haben, so empfehlen wir die Installation des Patches zu den Ulead DVD PowerTools. Den derzeit aktuellen Patch finden ebenfalls auf der Buch-CD oder auf der Ulead-Website unter *www.ulead.de*.

CD

Weitere Informationen zur Buch-CD entnehmen Sie bitte der readme-Datei auf der Buch-CD.

WEB

Weitere Informationen zur Verwendung der Clips, des Beispielprojektes und des Patches finden Sie im Internet unter *www.isat-computers.de*.

TIPP

Interessieren Sie sich für den Videoschnitt am PC? Dann werfen Sie doch einmal einen Blick in das Buch »Videos digitalisieren und bearbeiten« (3-8266-7315-8) aus der gleichen Buchreihe. Es bietet einen praxisnahen Einstieg in die digitale Videobearbeitung mit Adobe Premiere 6.5. Eine Testversion des Programms liegt dem Buch bei.

1 LSX-MPEG Encoder Suite installieren und verwenden

Ziel des Kapitels

⇨ LSX-MPEG Encoder installieren und verwenden

Schritte zum Erfolg

⇨ Installation der LSX-MPEG Encoder Suite

⇨ Verwendung des LSX-MPEG Encoders als Standalone-Version und in Verbindung mit Adobe Premiere

Installation des LSX-MPEG Encoders

In diesem Kapitel beschreiben wir die Installation der LSX-MPEG Encoder Suite und die Verwendung des LSX-MPEG Encoders als Standalone-Version und in Verbindung mit Adobe Premiere. Wir empfehlen diese Software von Ligos, da Sie mit ihr in der Lage sind, fremdproduzierte Dateien (z.B. mit Adobe After FX, 3D Studio Max, Asymetrix 3D FX etc.) auch ohne Videoschnittsoftware als MPEG2 zu encodieren und diese danach dem DVD-Authoring einzufügen.

Der LSX-MPEG Encoder transformiert AVI-Files in MPEG1 oder MPEG2 als Audio- und Video-Files. Der MPEG2-Standard wird beschrieben im ISO/IEC 13818. Damit erreichen Sie Broadcastqualität bei Datenraten von 2 - 10 Mbits/ Sec.

WEB

Eine kostenlose Demo-Version oder die Vollversionen erhalten Sie auf der Homepage von Ligos unter *www.ligos.com* oder auf unserer Downloadseite im Internet unter *www.isat-computers.de*.

Um den LSX-Encoder zu installieren, gehen Sie folgendermaßen vor:

⇨ Klicken Sie doppelt auf die Installationsdatei, die Sie per Download aus dem Internet geholt haben (in unserem Beispiel verwenden wir die *LSX MPEG Encoder Suite 2.0*). Es erscheint das in Abbildung 1.1 dargestellte Fenster.

⇨ Klicken Sie auf *Next*. Es erscheint ein Fenster mit den Lizenzbedingungen, die Sie sich durchlesen sollten. Sind Sie mit den Bedingungen einverstanden, klicken Sie auf *Yes* (siehe Abbildung 1.2).

Im darauf folgenden Fenster tragen Sie Ihre Daten inklusive der von Ligos übermittelten Seriennummer ein und klicken auf *Next* (siehe Abbildung 1.3).

Die Einstellungen im nun erscheinenden Fenster belassen Sie in den Grundeinstellungen (siehe Abbildung 1.4).

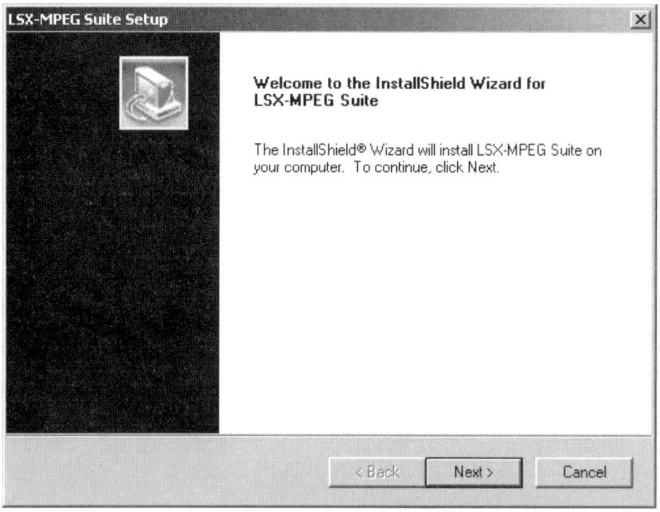

Abb. 1.1: Begrüßung zur Installation

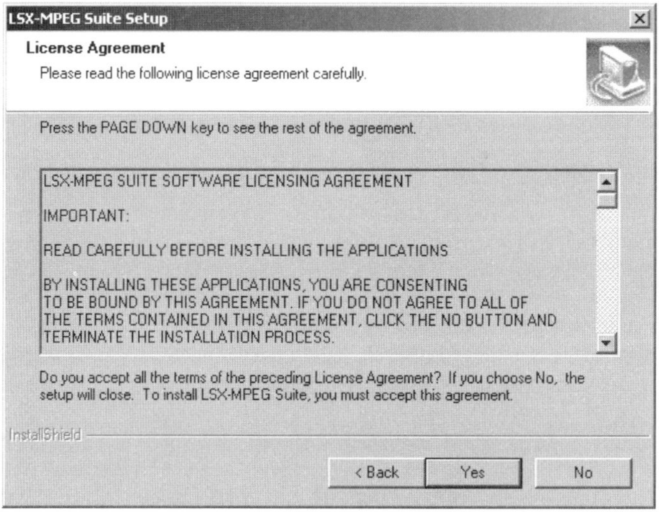

Abb. 1.2: Lizenzbedingungen

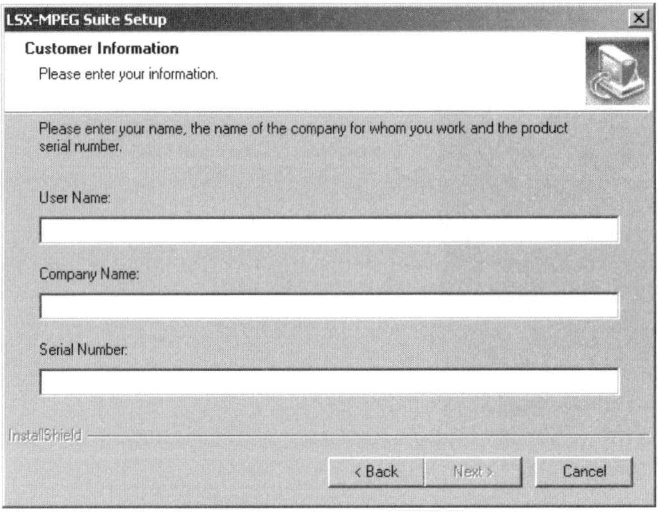

Abb. 1.3: Benutzerinformationen

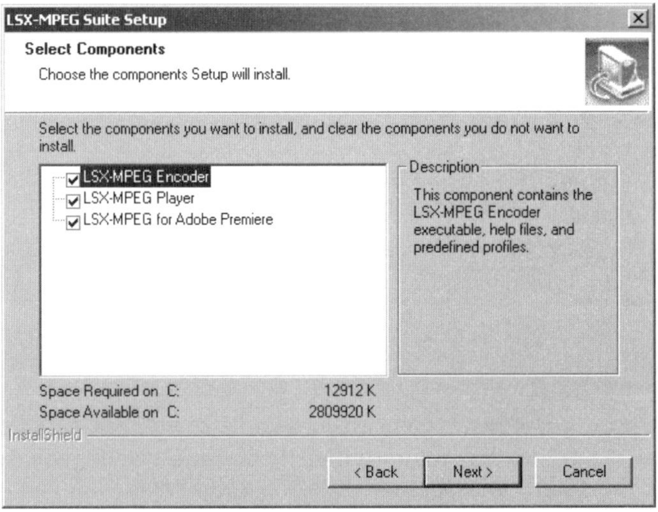

Abb. 1.4: Auswahl der zu installierenden Komponenten

TIPP

Ist die Software Adobe Premiere nicht auf Ihrem System installiert, deaktivieren Sie bitte das Kontrollkästchen *LSX-MPEG for Adobe Premiere*.

⇨ Nachdem Sie Ihre Einstellungen vorgenommen haben, klicken Sie auf *Next*. Im nachfolgenden Fenster wird Ihnen der Standardpfad für die Installation der notwendigen Dateien angezeigt.

⇨ Sollten Sie die Dateien in einen anderen als dem angezeigten Pfad installieren wollen, klicken Sie auf *Browse* und geben den für Sie gültigen Pfad an.

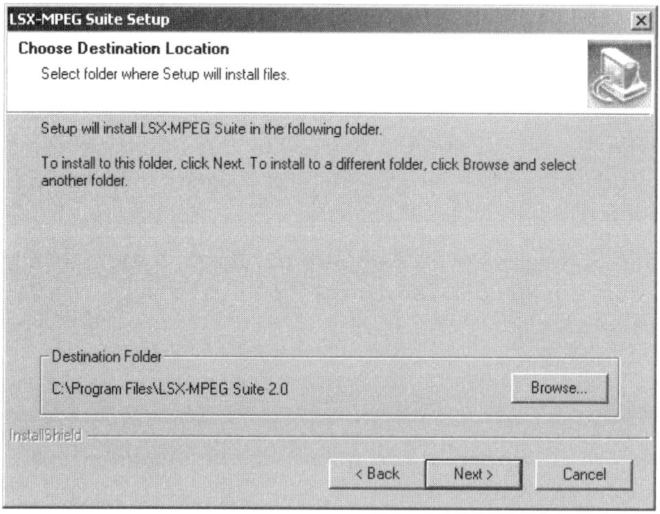

Abb. 1.5: Angabe des Installationspfades

⇨ Haben Sie Ihre Einstellungen vorgenommen oder möchten den Standardpfad belassen, so klicken Sie auf *Next*.

⇨ Im nun erscheinenden Fenster sollen Sie angeben, welche Dateiendung Ihre zukünftigen MPEG-Files tragen sollen. Wir empfehlen hier den Eintrag *mpg*.

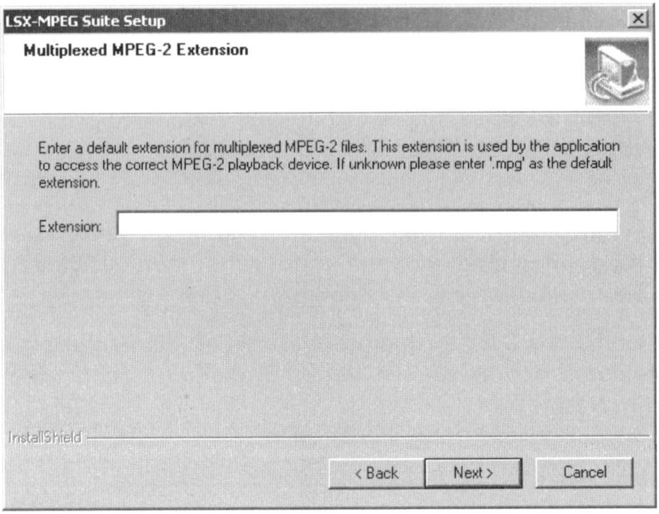

Abb. 1.6: Angabe der Dateierweiterung für MPEG-Dateien

⇨ Klicken Sie mit der Maus in das weiße Feld und geben Sie einfach die Buchstaben `mpg` ein. Groß- und Kleinschreibung ist nicht zu beachten.

Sofern die Software Adobe Premiere auf Ihrem System installiert ist, wird im darauf folgenden Fenster der Pfad für die Plug-Ins unter Adobe Premiere angezeigt.

TIPP

Der LSX-MPEG Encoder kann sowohl als Plug-In wie auch als Standalone-Software genutzt werden. Benutzern von Adobe Premiere empfehlen wir auf jeden Fall, das zur Verfügung stehende Plug-In einzusetzen.

Sollte der angezeigte Pfad für das Premiere-Plug-In-Verzeichnis nicht korrekt sein, so korrigieren Sie diesen bitte und klicken auf *Next*.

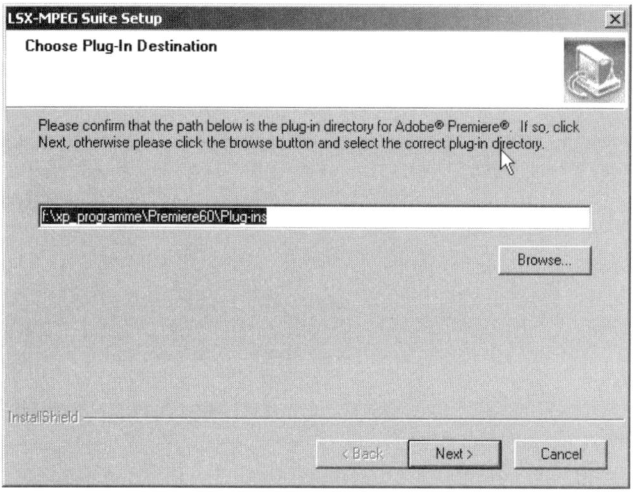

Abb. 1.7: Pfadangabe für das Adobe-Premiere-Plug-In-Verzeichnis

Das nun erscheinende Fenster zeigt Ihnen den Pfad für die *Settings* unter Adobe Premiere an.

⇨ Übernehmen oder korrigieren Sie die Einstellungen und klicken Sie danach auf *Next*.

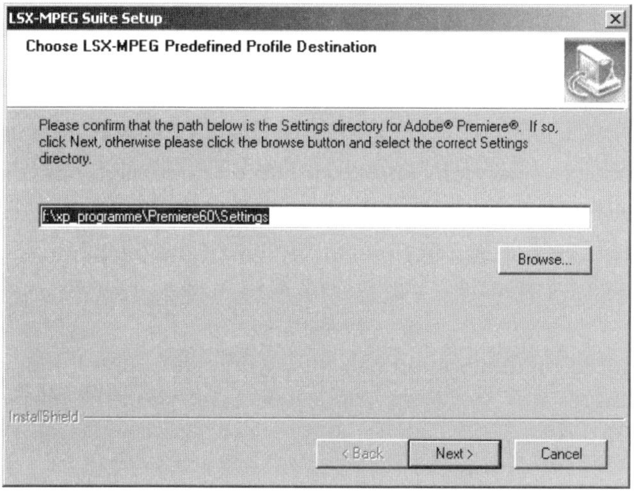

Abb. 1.8: Pfadangabe für das Verzeichnis *Settings* in Adobe Premiere

Die Installation der notwendigen Dateien wird durchgeführt. Nach Abschluss der Installation bzw. des Kopiervorgangs wird Ihnen folgendes Fenster angezeigt.

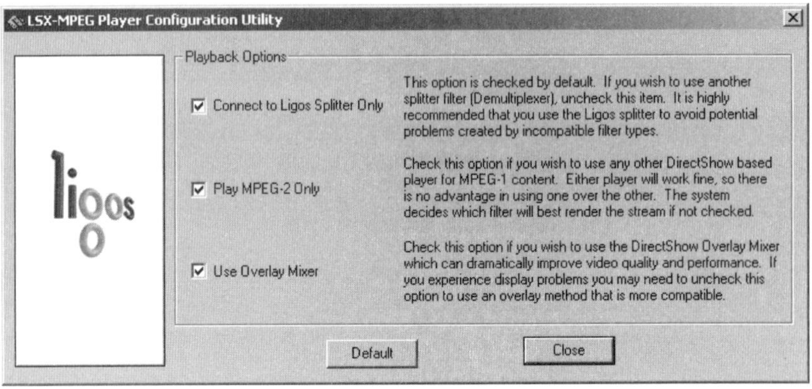

Abb. 1.9: Einstellungen für den LSX-MPEG Player

Diese Einstellungen betreffen den LSX-MPEG Player. Übernehmen Sie bitte die Voreinstellungen und klicken Sie auf *Close*.

TIPP

Diese Einstellungen können Sie jederzeit modifizieren, wenn Sie die Konfiguration des LSX-MPEG Players aus der Programmgruppe des LSX-Encoders aufrufen.

Im darauf erscheinenden Fenster wird Ihnen angezeigt, dass die Installation vollständig durchgeführt wurde (siehe Abbildung 1.10).

⇨ Klicken Sie auf den Button *Finish*, womit die Installation des LSX-MPEG Encoders oder von LSX-MPEG Encoder Suite abgeschlossen ist.

Die Standalone-Version von LSX-MPEG Encoder Suite finden Sie nun im Startmenü von Windows und können Sie von dort öffnen (siehe Abbildung 1.11).

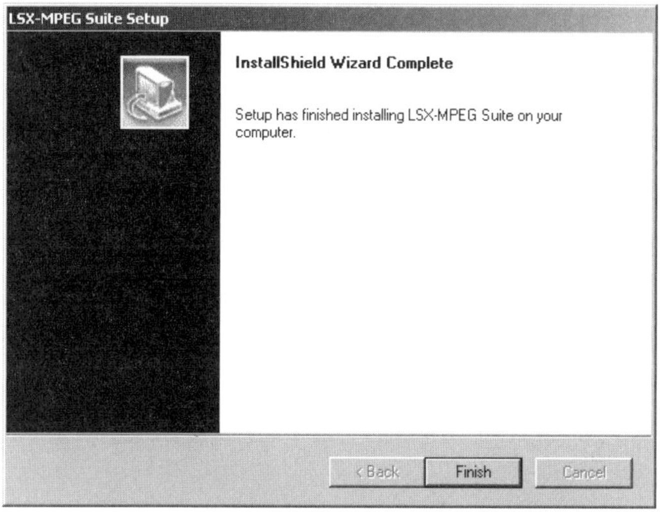

Abb. 1.10: Abschluss der Installation

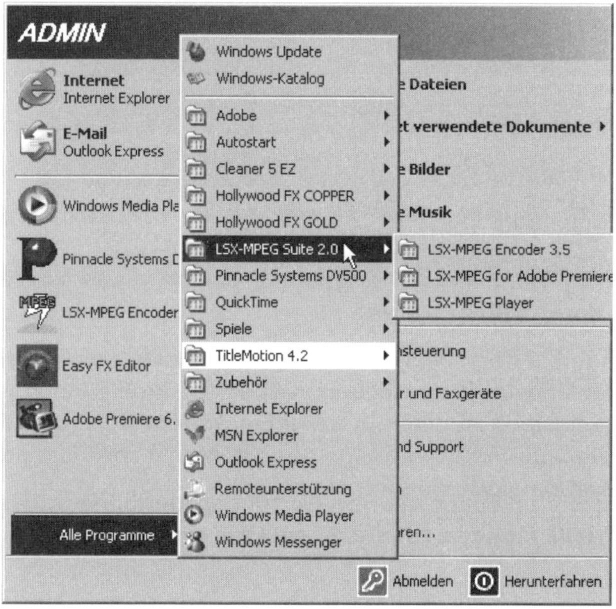

Abb. 1.11: LSX-Eintrag in der Programmgruppe von Windows

Standalone LSX-MPEG Encoder

Der einfachste Weg, um eine AVI-Datei in eine MPEG1- oder MPEG2-Datei zu konvertieren, ist der Standalone LSX-MPEG Encoder. Die so erstellte Datei können Sie dann direkt für das DVD-Authoring verwenden oder mit einer entsprechenden Software weiterverarbeiten. Wie genau Sie mit diesem Modul arbeiten, möchten wir Ihnen auf den folgende Seiten beschreiben.

⇨ Klicken Sie in der Programmgruppe *LSX-MPEG Encoder Suite* auf den Eintrag *LSX-MPEG Encoder*.

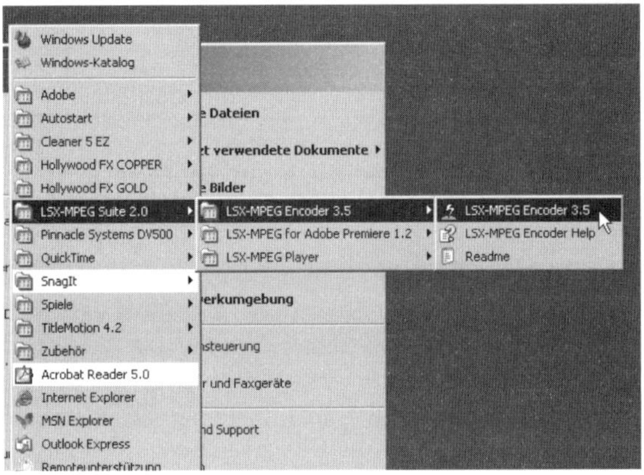

Abb. 1.12: Eintrag *LSX-MPEG Encoder* in der Programmgruppe

⇨ Das Programm wird gestartet und erscheint mit dem in Abbildung 1.13 dargestellten Fenster.

⇨ Solange Sie noch nicht mit der MPEG-Encodierung vertraut sind, empfehlen wir die Einstellungen über den *Profile Manager* vorzunehmen (siehe Abbildung 1.14). Sie öffnen den Profile Manager über das *File*-Pulldown-Menü des LSX-MPEG Encoders oder durch Drücken der Tastenkombination [Strg] + [P].

⇨ Der Profile Manager erscheint und stellt sich wie in Abbildung 1.15 dar.

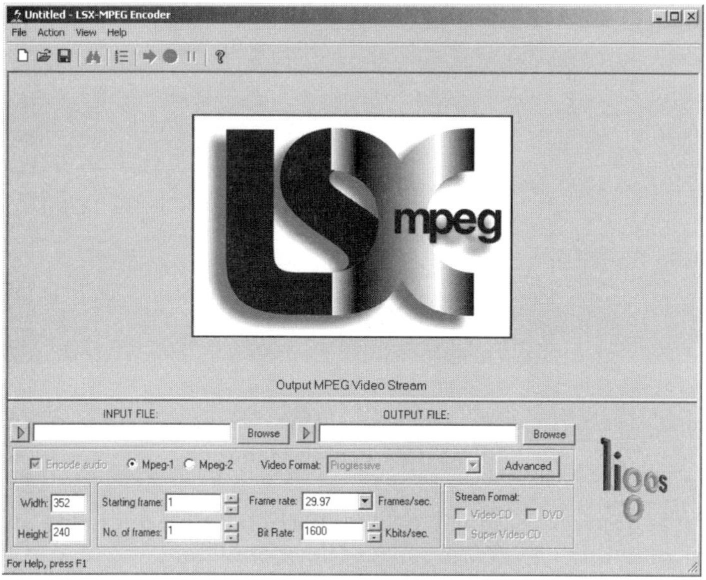

Abb. 1.13: LSX-MPEG Encoder

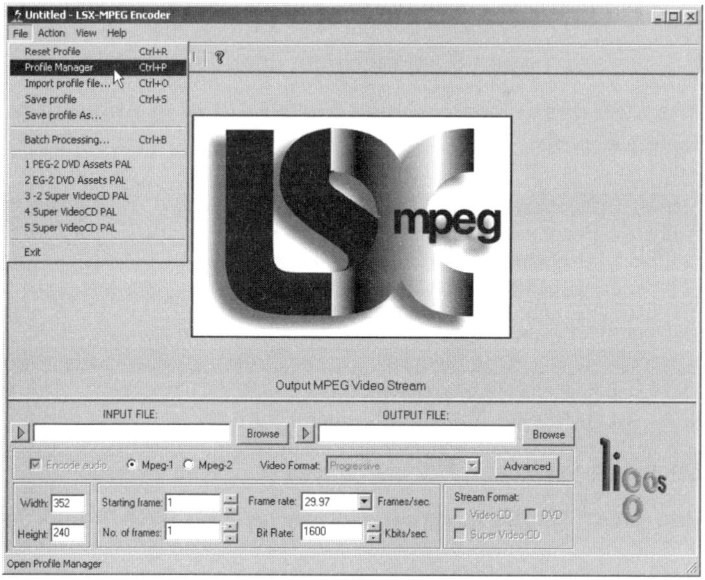

Abb. 1.14: Eintrag des Profile Managers im Menü *File*

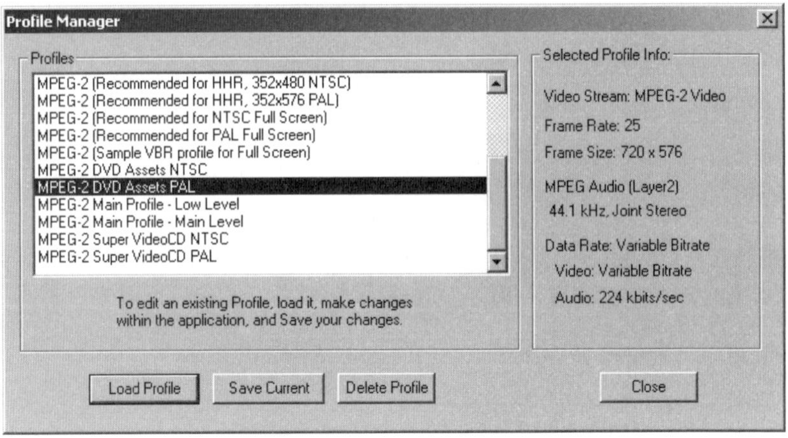

Abb. 1.15: Profile Manager

Im Profile Manager sind alle gebräuchlichen Profile enthalten, die Sie zur Encodierung von AVI in MPEG-Files benötigen.

Bei der Anwahl eines jeden Profils werden Ihnen auf der rechten Seite des Profile Managers die entsprechenden Einstellungen angezeigt. (Die Einstellungen für Ihr zukünftiges DVD-Projekt entnehmen Sie bitte aus der Formattabelle.) Wählen Sie hier einfach die gewünschte Einstellung aus und klicken Sie danach auf *Load Profile*.

Für eine DVD-Produktion wählen Sie bitte den in Abbildung 1.16 markierten Eintrag.

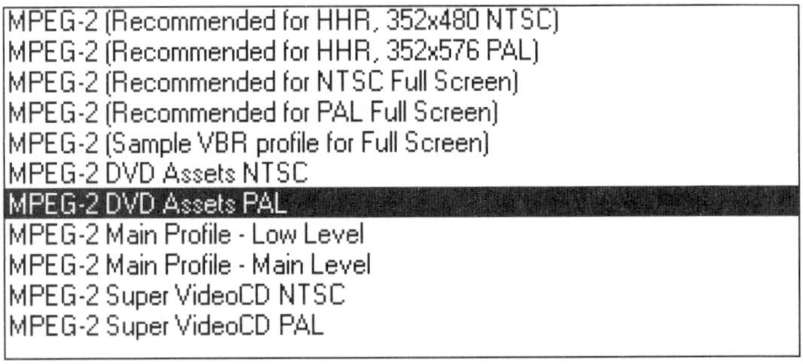

Abb. 1.16: Profile-Manager-Eintrag für eine DVD-Produktion

Für eine S-VCD-Produktion wählen Sie den in Abbildung 1.17 markierten Eintrag.

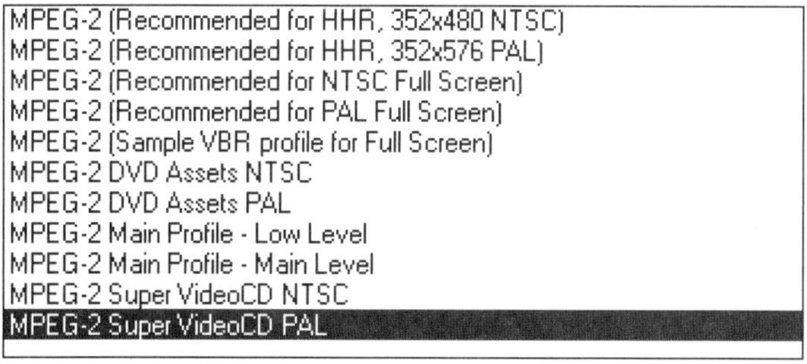

Abb. 1.17: Profile-Manager-Eintrag für eine S-VCD Produktion

Die von Ihnen gewählten Einstellungen werden übernommen und auf die folgende Encodierung angewendet.

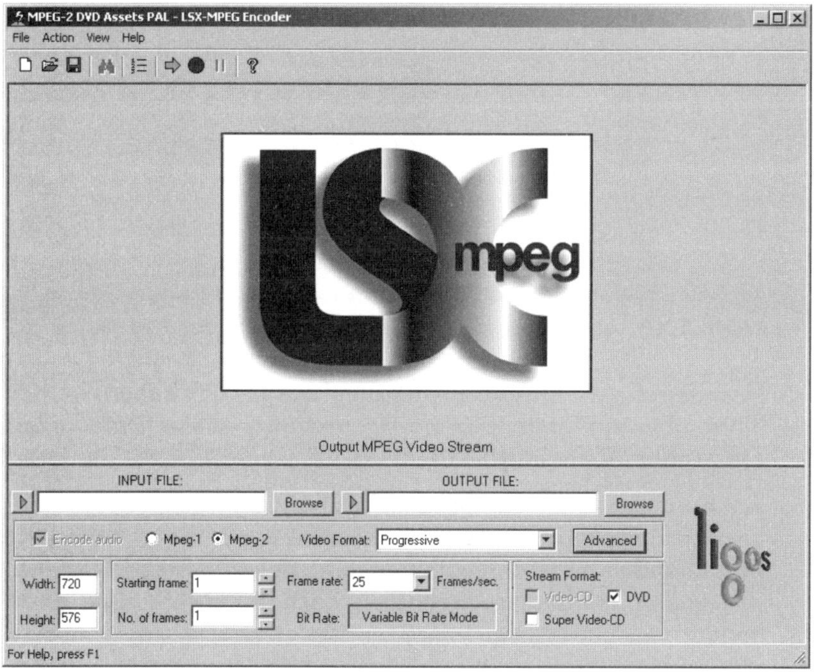

Abb. 1.18: Übernommene Einstellungen des Profile Managers

⇨ Um detailliertere Informationen zu erhalten oder Einstellungen zu verändern, klicken Sie bitte auf *Advanced*.

⇨ Änderungen der Einstellungen sollten nur von versierten Benutzern durchgeführt werden. Die Einstellungen über den Profile Manager werden mit jeder Änderung unwirksam.

TIPP

Haben Sie versehentlich eine Einstellung geändert, so können Sie jederzeit über den Profile Manager die Standardeinstellungen wiederherstellen.

⇨ Haben Sie so alle notwendigen Einstellungen getroffen, muss nur noch das zu encodierende File ausgewählt werden. Klicken Sie dazu auf *Browse* rechts neben dem Listenfeld unter *INPUT FILE*:

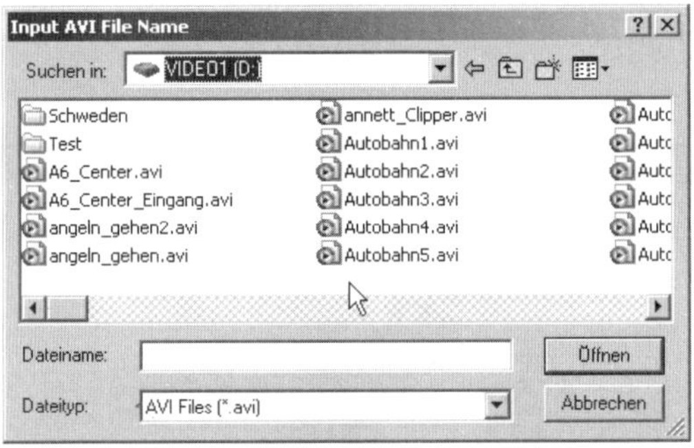

Abb. 1.19: LSX-Browserfenster zur Auswahl der AVI-Datei

⇨ Nachdem Sie die entsprechende Datei ausgewählt haben, werden Ihnen über ein Infofenster die Eigenschaften dieser Datei angezeigt (siehe Abbildung 1.20).

⇨ In diesem Fall wird weiterhin eine Warnung angezeigt, dass es sich bei der ausgewählten Datei um eine bereits stark komprimierte Datei handelt. Es wird empfohlen, eine unkomprimierte Datei zu verwenden, um bessere Ergebnisse nach der Encodierung zu erhalten.

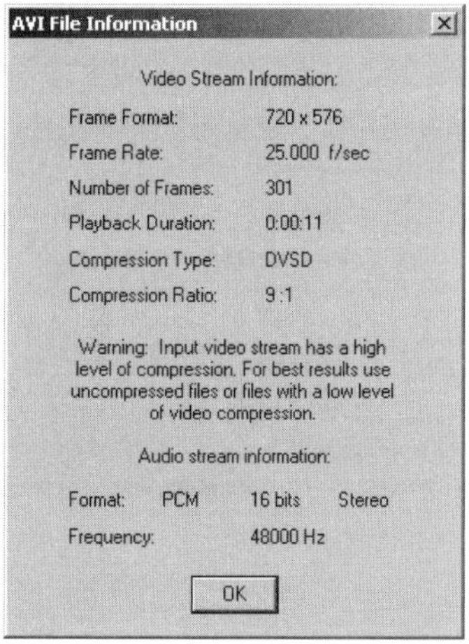

Abb. 1.20: Infofenster mit Informationen der zu importierenden Datei

⇨ Bestätigen Sie diesen Hinweis mit *OK*.

TIPP

Da beim Capturing (z.B. über Pinnacle Systems DV500) bereits eine Komprimierung in DV vorgenommen wird, muss diese Warnung bei jeder Datei »übersehen« werden.

⇨ Der Pfad und der Dateiname werden in das Listenfeld unter *INPUT FILE:* übernommen. Zugleich wird eben dieser Pfad und Dateiname für die Ausgabedatei im Listenfeld unter *OUTPUT FILE:* eingetragen. Soll die Ausgabedatei an einem anderen Ort gespeichert werden, so geben Sie den dafür vorgesehenen Pfad inklusive Dateinamen an oder klicken auf *Browse*, um den vorgesehenen Speicherort auszuwählen.

⇨ Über das grüne Dreieck links neben den Listenfeldern für *INPUT FILE*: und *OUTPUT FILE*: können Sie die darin aufgelisteten Dateien abspielen bzw. nochmals einsehen.

TIPP

Obwohl im Listenfeld unter *OUTPUT FILE:* bereits ein Dateiname eingetragen ist, kann diese Datei noch nicht eingesehen werden, da sie noch nicht existiert. Nur bereits erstellte Dateien (z.B. bei Neuencodierung) können hier eingesehen werden.

⇨ Um die Encodierung zu starten klicken Sie auf den grünen Pfeil in der Symbolleiste des LSX-MPEG Encoders.

Abb. 1.21: Symbolleiste des LSX-MPEG Encoders

⇨ Ist eine bereits existierende Datei vorhanden, so wird Ihnen eine entsprechende Warnung angezeigt.

⇨ Die Encodierung beginnt und wird wie in Abbildung 1.22 zu sehen angezeigt.

Die grünen Balken sind Indikatoren für die bestehende und die zu erwartende Framequalität. Der blaue Balken informiert Sie über den Bearbeitungsstand. Beide Indikatoren werden zudem numerisch angezeigt.

⇨ Im Anschluss an die Videoencodierung erfolgt die Audioencodierung. Diese wird Ihnen ebenfalls durch Info-Elemente angezeigt (siehe Abbildung 1.23).

⇨ Nach Abschluss der Encodierung wird Ihnen eine Zusammenfassung der erstellten Datei angezeigt (siehe Abbildung 1.24).

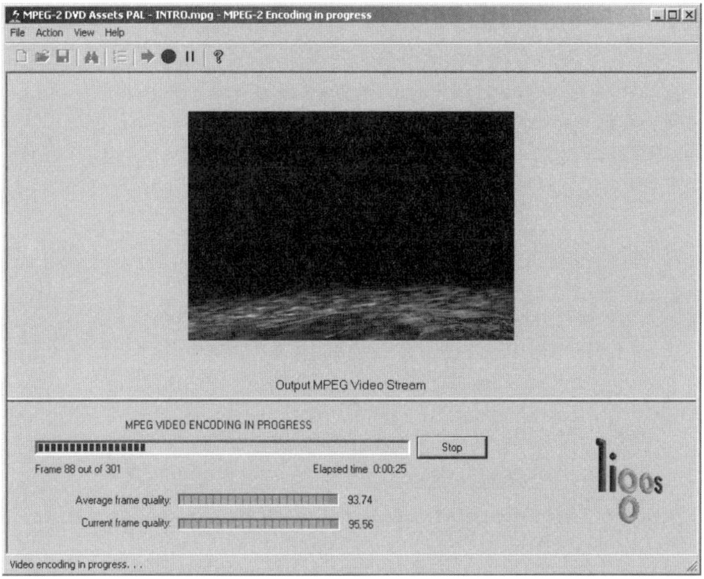

Abb. 1.22: Darstellung der Encodierung und Verlauf

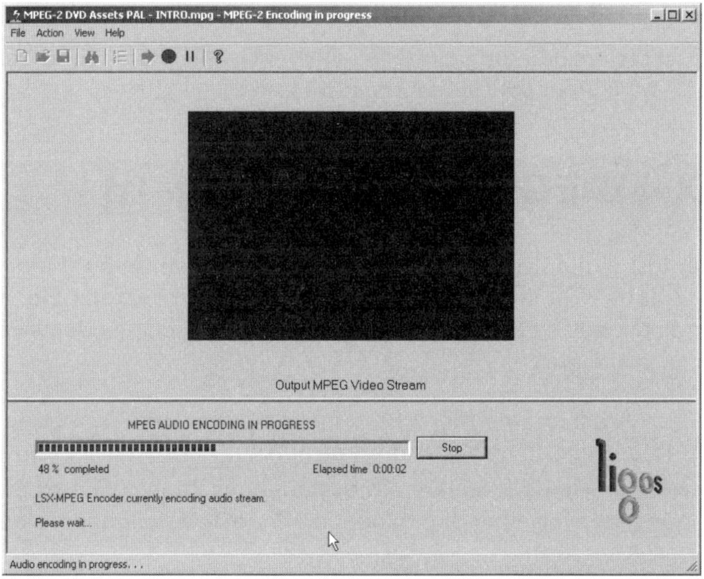

Abb. 1.23: Anzeige über den Status der Audioencodierung

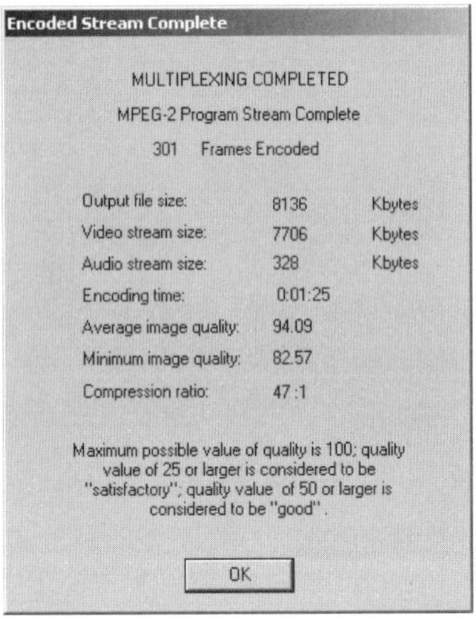

Abb. 1.24: Informationsanzeige zu der erstellten Datei

⇨ Klicken Sie jetzt auf das grüne Dreieck, links neben dem Listenfeld unter *OUTPUT FILE:* Die erstellte Datei wird Ihnen in der ausgewählten Auflösung bzw. im ausgewählten Format angezeigt und abgespielt.

Damit ist die Encodierung einer AVI-Datei über die Standalone-Version von LSX-MPEG Encoder Suite abgeschlossen.

LSX-MPEG Premiere Plug-In

Mit der Installation von LSX-MPEG Encoder Suite wurde auch ein Plug-In für Adobe Premiere installiert. Dieses Plug-In versetzt Sie in die Lage, direkt aus Adobe Premiere heraus eine MPEG1- oder MPEG2-Datei zu erstellen.

Erzeugen einer MPEG-Datei unter Adobe Premiere

Öffnen Sie in Adobe Premiere ein bestehendes Projekt. Dieses Projekt sollte günstigerweise mit den folgenden Projekteinstellungen angelegt sein:

- ⇨ Fernsehnorm: PAL
- ⇨ Format: 720 x 576
- ⇨ Framerate: 25
- ⇨ Audio: 44 kHz, 16Bit, Stereo

TIPP

Für eine DVD-Produktion sollten Sie immer in der Fernsehnorm PAL mit den dafür vorgesehenen Einstellungen arbeiten. Somit bleibt die Kompatibilität gewahrt und unliebsame Fehlermeldungen und Misserfolge bleiben Ihnen erspart. (Benutzer von Pinnacle-Systems-Hardware sollten immer die Projektvorgabe: *Pinnacle DV PAL* wählen.)

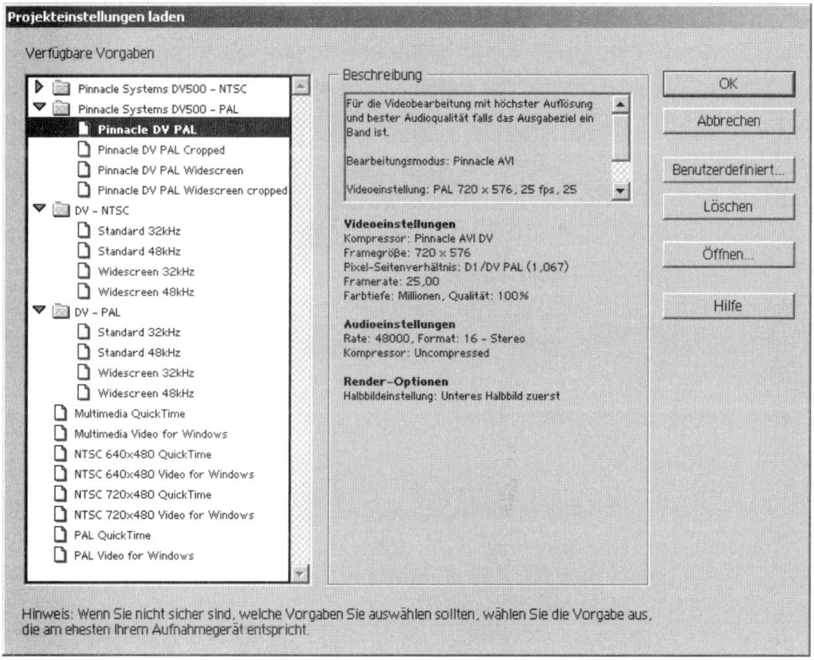

Abb. 1.25: Anzeige der Adobe-Premiere-Projektvorgaben

TIPP

Selbstverständlich können Sie auch in NTSC produzieren. Beachten Sie hierbei, dass nicht alle in Europa erhältlichen Geräte diese Norm unterstützen!

⇨ Nachdem Sie Ihr Projekt geöffnet haben und sich alle Clips inklusive Sound, Titel etc. in der Timeline (Schnittfenster) befinden, klikken Sie bitte in der Menüleiste von Adobe Premiere auf *Datei*. Im sich öffnenden Pulldown-Menü klicken Sie dann auf den Eintrag *Schnittfenster exportieren*.

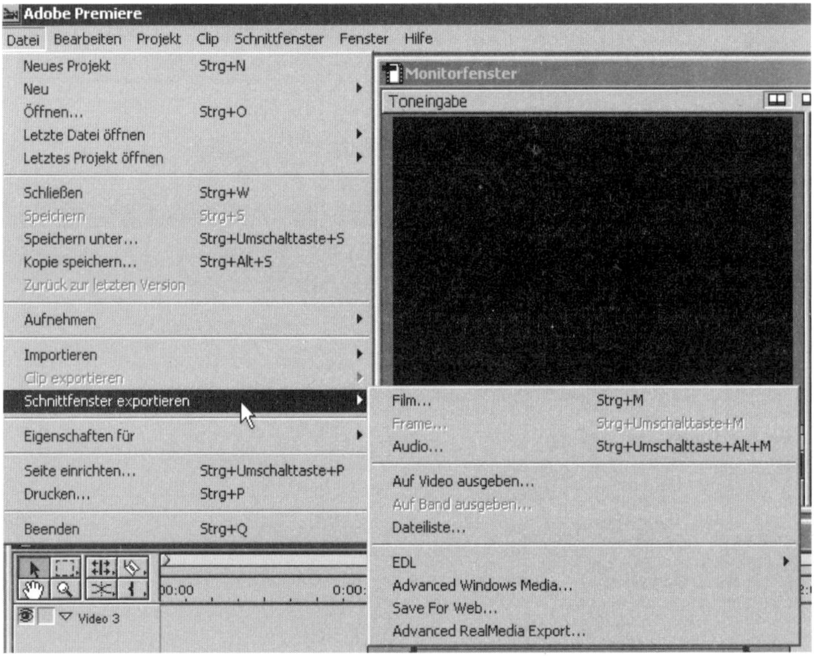

Abb. 1.26: Menüeintrag *Schnittfenster exportieren* in Adobe Premiere

⇨ Im sich weiterhin öffnenden Menü klicken Sie danach auf *Film*.

TIPP

Diese Operation können Sie auch über die Tastenkombination [Strg] + [M] starten.

⇨ Es öffnet sich das Fenster *Film exportieren*. In diesem Fenster wählen Sie den Speicherort der zu erstellenden Datei und geben im Listenfeld *Dateiname*: einen gültigen Dateinamen für diese Datei ein.

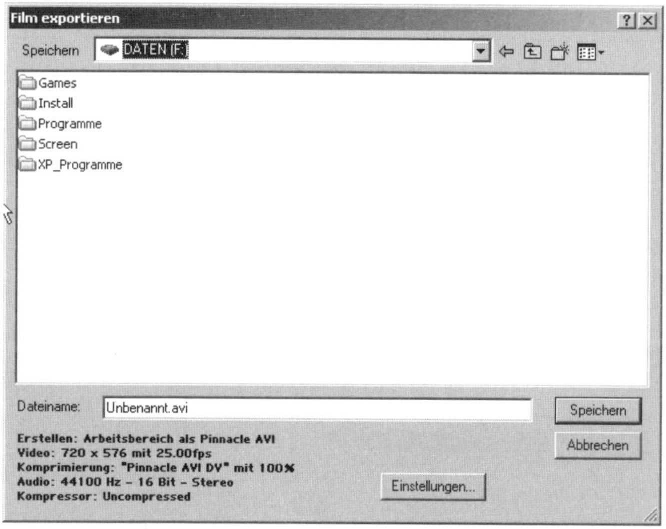

Abb. 1.27: Fenster für *Film exportieren* in Adobe Premiere

TIPP

Die aktiven bzw. aktuell gültigen Einstellungen für einen Filmexport werden Ihnen unter dem Listenfeld für den Dateinamen angezeigt.

⇨ Klicken Sie nun auf den Button *Einstellungen*, worauf sich das folgende Fenster öffnet.

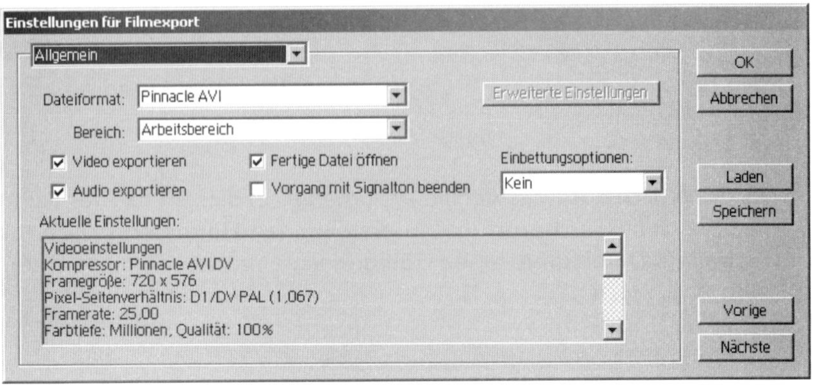

Abb. 1.28: ***Einstellungen für Filmexport***

Für eine DVD-Produktion müssen jetzt noch einige Einstellungen vorgenommen werden, damit die zu erstellende Datei auch die Kriterien für eine DVD erfüllt.

⇨ Klicken Sie dazu in das Listenfeld *Dateiformat* und wählen Sie den Eintrag *LSX MPEG-1 or MPEG-2*.

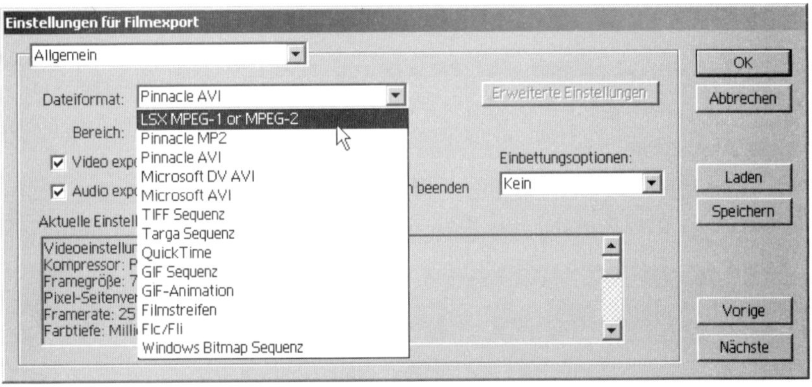

Abb. 1.29: Auswahl des Dateiformats

⇨ Klicken Sie nun auf den Button *Erweiterte Einstellungen*, worauf sich das folgende Fenster öffnet.

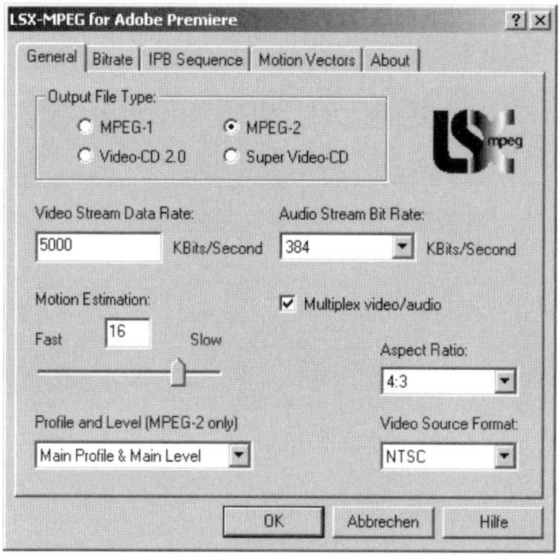

Abb. 1.30: Erweiterte Einstellungen für den LSX-MPEG Encoder

⇨ Nehmen Sie nun alle Einstellungen vor, die für eine DVD- oder S-VCD-Produktion notwendig sind. Die entsprechenden Informationen entnehmen Sie bitte der Formattabelle.

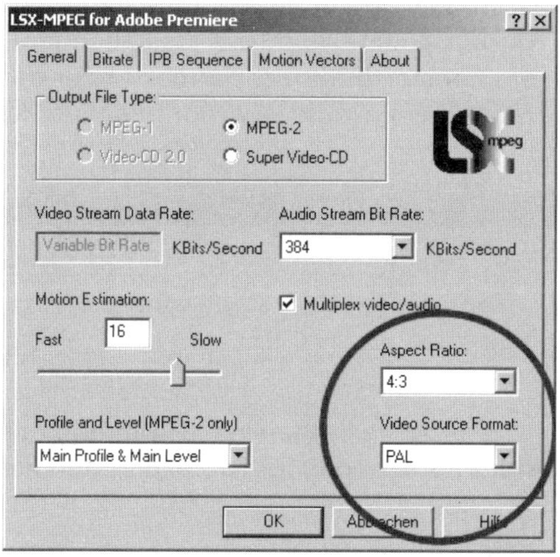

Abb. 1.31: Einstellungen für TV-Norm und Seitenverhältnis

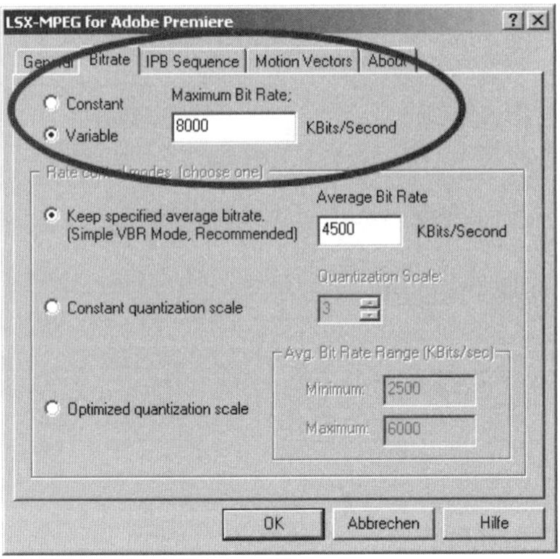

Abb. 1.32: Einstellungen für die Datenrate

⇨ Nach Abschluss aller Einstellungen klicken Sie auf *OK*.

⇨ Klicken Sie nun im wieder sichtbaren Fenster *Einstellungen für Filmexport* auf den Button *Nächste* und überprüfen Sie die Einstellungen in diesem Fenster für *Framegröße*, *Framerate* und die Einstellungen für den *Audioexport*. Die Einstellungen für die Datenrate in diesem Fenster bitte nicht ändern oder modifizieren, da diese vom LSX-MPEG Encoder übernommen werden.

TIPP

Auch wenn Sie Ihr »Rohmaterial« in 48 kHz, 16 Bit, Stereo aufgezeichnet und gecaptured haben, stellen Sie die Einstellungen für den Audioexport auf 44 kHz, 16 Bit, Stereo.

⇨ Nachdem Sie Ihre Einstellungen vorgenommen haben, schließen Sie das Fenster *Einstellungen für Filmexport* durch einen Klick auf *OK*.

⇨ Im Fenster *Film exportieren* klicken Sie nun auf *Speichern*, womit der Export des im Schnittfenster befindlichen Films beginnt.

TIPP

Im Listenfeld für den Dateinamen erscheint unter Umständen als Dateiendung die Bezeichnung *mpe*. Tragen Sie bitte im Listenfeld *Dateiname:* nur einen gültigen Namen OHNE Dateiendung ein. Eine gültige Dateiendung wird vom LSX-MPEG Encoder gesetzt, die Sie bereits bei der Installation des LSX-MPEG Encoders als *mpg* angegeben haben.

⇨ Je nach Projektgröße und Einstellungen hinsichtlich des Formates nimmt diese Operation einige Zeit in Anspruch.

TIPP

Bitte beachten Sie bei größeren Projekten, dass eine so exportierte Datei nicht größer als 4 Gigabyte sein darf. Dazu unterteilen Sie Ihr Projekt bitte in Einzelbereiche, die Sie über den Arbeitsbereich in Adobe Premiere markieren. Im Fenster *Einstellungen für Filmexport* stellen Sie danach ein, dass Sie nur den markierten Arbeitsbereich exportieren möchten, und wiederholen diesen Vorgang bis zum Ende Ihres Projekts.

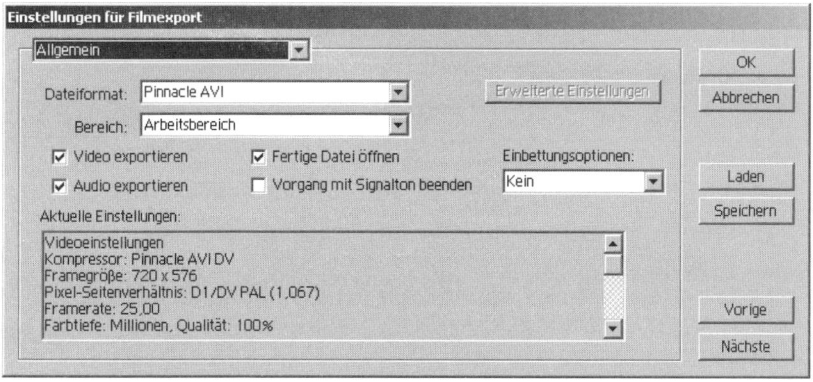

Abb. 1.33: Einstellung für das Listenfeld *Bereich*

Die zu erwartende Dateigröße errechnen Sie aus der Spielzeit und der eingestellten Datenrate.

⇨ Nachdem Ihr Projekt als Film im MPEG-Format exportiert wurde, wird dieser aufgerufen und abgespielt. Damit ist die Encodierung über das LSX-MPEG Premiere Plug-In abgeschlossen und die erstellte Datei kann dem DVD- oder S-VCD-Authoring zugeführt werden.

TIPP

Problem! Unter Umständen kann es vorkommen, dass unter Windows XP nach Abschluss der Exportfunktion der Computer total abstürzt. Dieser Fehler liegt in der zu öffnenden MPEG-Datei. (Dabei wird weder die Premiere-Projektdatei noch die erstellte MPEG-Datei beschädigt oder zerstört.) Wie diese Problematik behoben werden kann, erfahren Sie im folgenden Abschnitt.

Problembehandlung

Um einen Totalabsturz des Rechners nach der Exportfunktion zu vermeiden, *deaktivieren* Sie bitte im Fenster *Einstellungen für Filmexport* das Kontrollkästchen *Fertige Datei öffnen*!

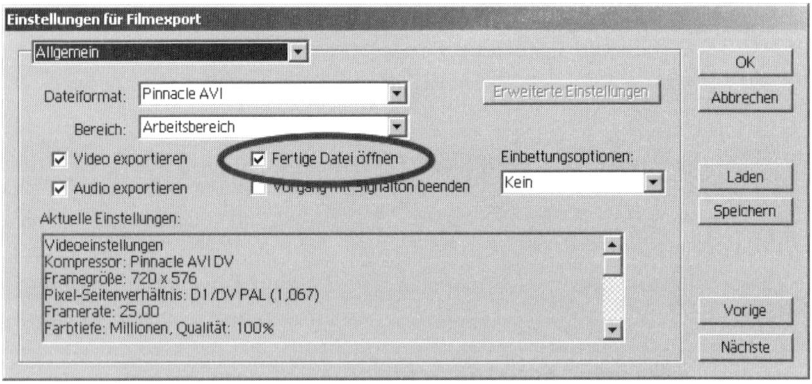

Abb. 1.34: Deaktivieren Sie *Fertige Datei öffnen*

Der Computer sollte nun nicht mehr abstürzen.

Um die fertige Datei einzusehen, öffnen Sie diese bitte über den Arbeitsplatz vom Speicherort oder über den Windows-Explorer. (Diese Problematik liegt nach unserer Meinung NICHT am LSX-MPEG Encoder, sondern an der entsprechenden Windows-Version.)

VCD-Datei erstellen

Eine V-CD (= ***V**ideo **C**ompact **D**isc*), ist eine normale CD mit Vide-o- und Audioinhalt. Die VCD mit 650 MB speichert rund 74 Minuten Videomaterial mit gutem Stereoton. Die Daten werden in MPEG1 mit konstanter Datenrate von 1123 kBit/sec. auf der Disc gespeichert. Im VCD-Standard 2.0 sind auch Video-CDs mit Menüs und Hintergrundmusik machbar, ebenso Diaschauen (Slideshows) mit Audiohinterlegung. Allerdings bieten sie keine Navigation über Buttons wie eine DVD. DVD-Player geben VCDs wieder, die Kapitel wechseln aber nur per Druck auf die *Skip-Tasten* oder den *Ziffernblock*.

MPEG-Datei für VCD via Standalone LSX erstellen

⇨ Öffnen Sie den LSX-MPEG Encoder über die Programmgruppe (siehe Abbildung 1.35).

⇨ Öffnen Sie den Profile Manager über *File/Profile Manager* (siehe Abbildung 1.36).

⇨ Wählen Sie den Eintrag: *MPEG-1 VideoCD PAL* und klicken Sie danach auf *Load Profile*.

⇨ Klicken Sie nun auf den Button *Browse* rechts neben dem Listenfeld unter *INPUT FILE* (siehe Abbildung 1.37).

⇨ Wählen Sie Ihre zu encodierende Datei aus und klicken Sie danach auf *Öffnen*.

⇨ Legen Sie im Listenfeld unter *OUTPUT FILE*: den Speicherort der encodierten Datei fest und klicken Sie danach auf den grünen Pfeil in der Menü- bzw. Buttonleiste (siehe Abbildung 1.38).

⇨ Die Encodierung beginnt und nach deren Abschluss wird Ihnen eine Zusammenfassung der encodierten Datei angezeigt. Damit ist die Dateierstellung für eine VCD-Produktion abgeschlossen.

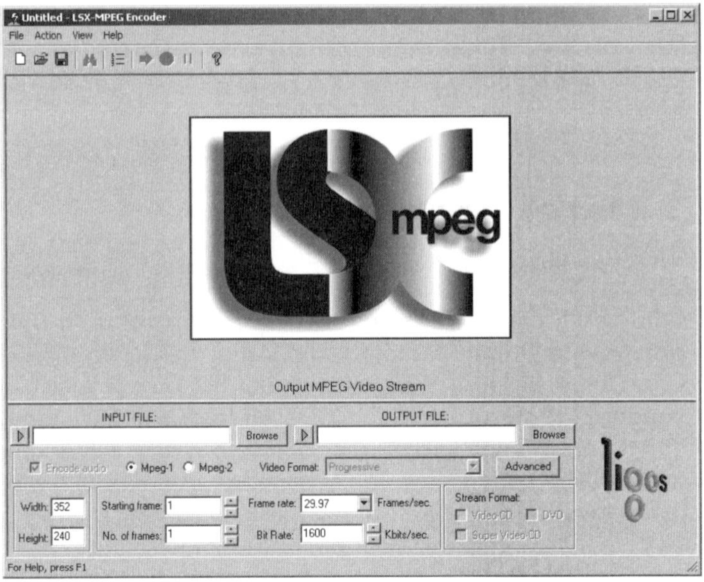

Abb. 1.35: LSX-MPEG Encoder

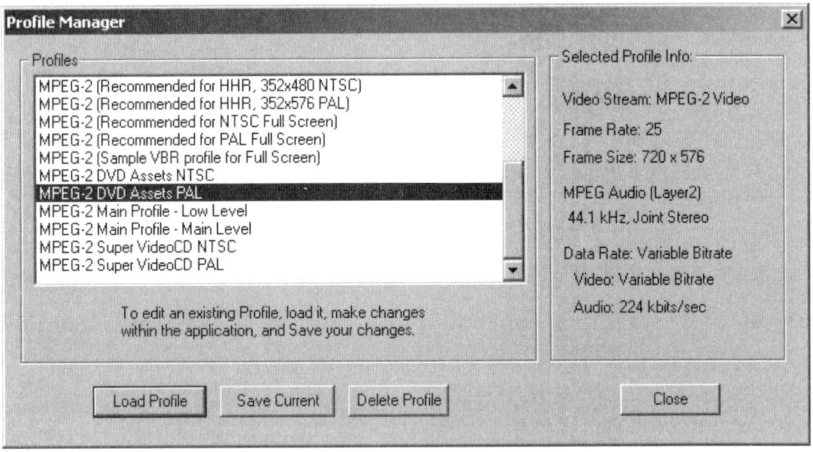

Abb. 1.36: Profile Manager des LSX-MPEG Encoders

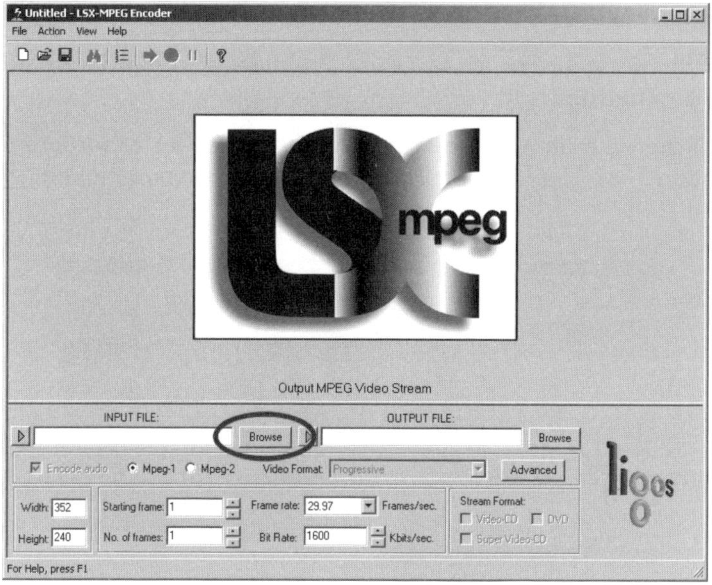

Abb. 1.37: Der Button *Browse* im LSX-MPEG Encoder

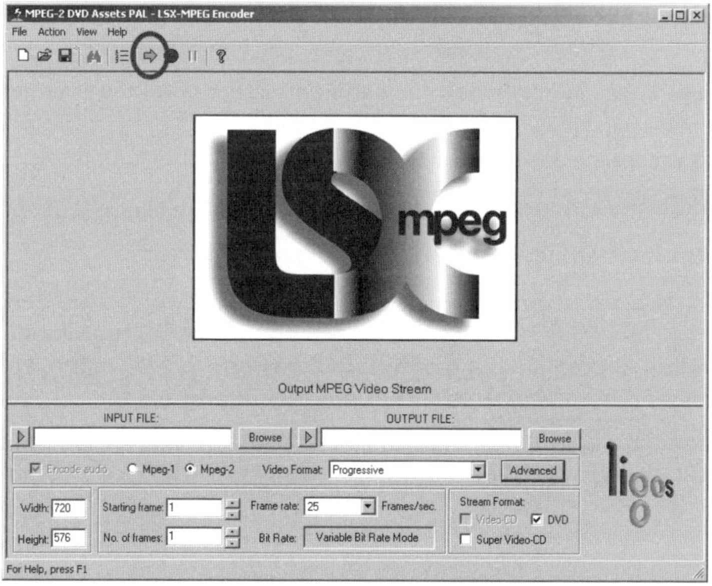

Abb. 1.38: Grüner Pfeil für den Start der Encodierung

MPEG-Datei für VCD via Premiere Plug-In erstellen

⇨ Öffnen Sie Ihr Projekt in Adobe Premiere und aktivieren Sie das Schnittfenster.

⇨ Klicken Sie im Menü auf *Datei / Schnittfenster exportieren* und danach auf *Film* oder drücken Sie die Tastenkombination [Strg] + [M].

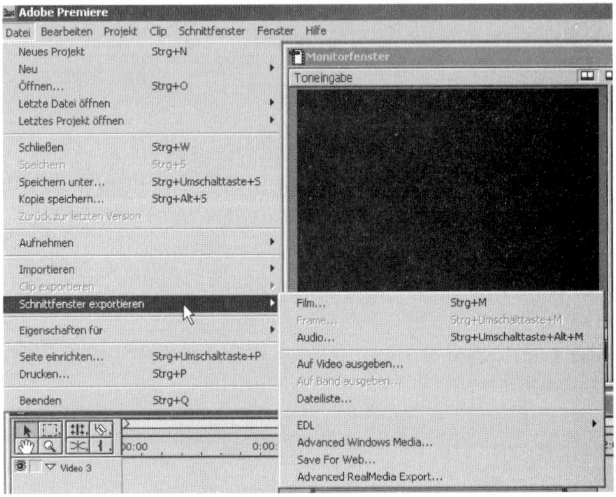

Abb. 1.39: Menüeintrag für den Filmexport in Adobe Premiere

⇨ Es erscheint das Fenster *Film exportieren* (siehe Abbildung 1.40).

⇨ Klicken Sie nun auf den Button *Einstellungen*.

⇨ Das Fenster *Einstellungen für Filmexport* erscheint.

⇨ Klicken Sie in das Listenfeld *Dateiformat* und wählen Sie den Eintrag: *LSX MPEG-1 or MPEG-2*. Nachdem der Eintrag aktualisiert wurde klicken Sie auf den Button *Erweiterte Einstellungen*, worauf folgendes Fenster erscheint (siehe Abbildung 1.41).

⇨ Wählen Sie in diesem Fenster die Checkbox *Video-CD 2.0* (siehe Abbildung 1.42).

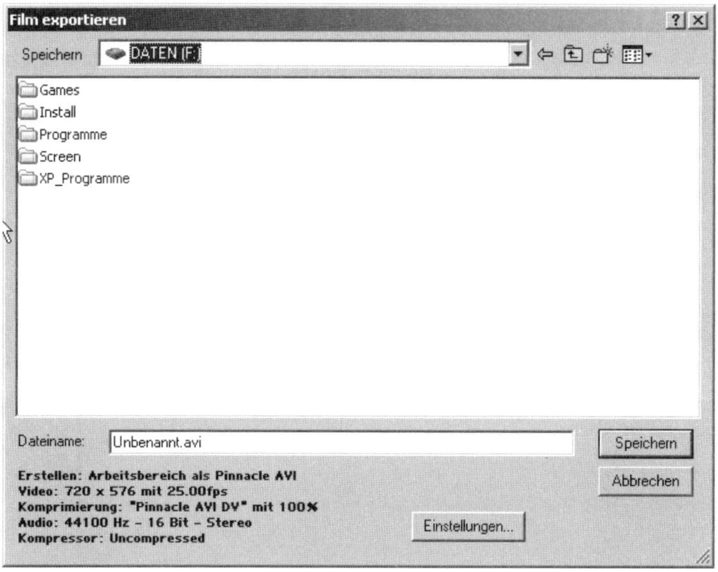

Abb. 1.40: Fenster für *Film exportieren* in Adobe Premiere

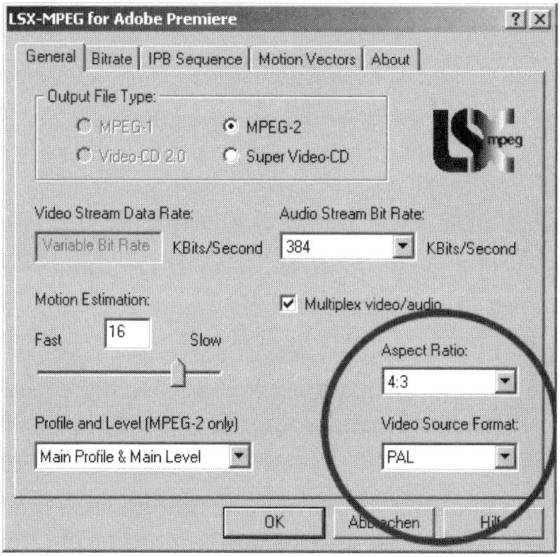

Abb. 1.41: Erweiterte Einstellungen für den LSX-MPEG Encoder

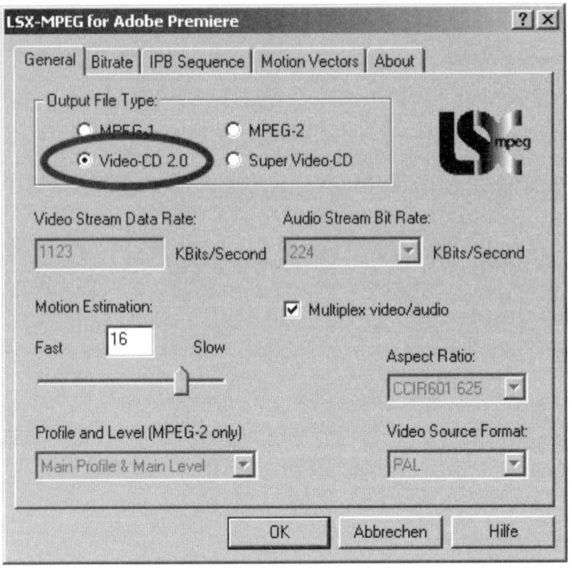

Abb. 1.42: Einstellung für Video-CD 2.0

TIPP

Sollte diese Checkbox als inaktiv erscheinen, so prüfen Sie bitte, ob die Bitrate auf *Constant* oder *Variable* eingestellt ist. (Klicken Sie dazu auf das Register *Bitrate* und aktivieren Sie die Checkbox *Constant*.)

⇨ So wurden alle Einstellungen für eine VCD-Datei unter *LSX-MPEG Premiere Plug-In* getroffen und Sie können dieses Fenster durch Klick auf den Button *OK* schließen.

⇨ Damit diese Datei für das VCD-Format Gültigkeit besitzt, klicken Sie nun im Fenster *Einstellungen für Filmexport* auf den Button *Nächste* oder im Listenfeld *Allgemein* auf den Eintrag *Videofilter*.

⇨ Achten Sie in diesem Fenster auf das gültige Format für eine VCD-Datei! Tragen Sie somit im Abschnitt *Framegröße* das Format für eine VCD-Produktion ein (352 x 288).

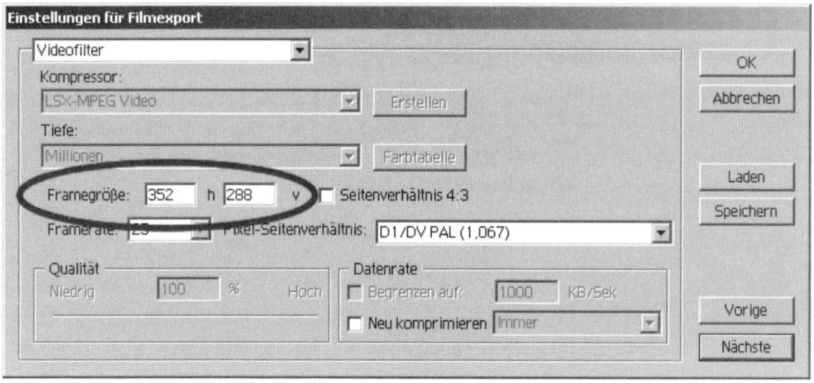

Abb. 1.43: Einstellung von Framegröße bzw. Seitenverhältnis

Überprüfen Sie auch die Audioeinstellungen für eine VCD-Produktion und schließen Sie nach Fertigstellung das Fenster durch Klick auf *OK*.

⇨ Tragen Sie nun in das Listenfeld *Dateiname* im Fenster *Film exportieren* einen gültigen Dateinamen ein und wählen Sie den Speicherort. Durch Klick auf den Button *Speichern* beginnt der Filmexport und die endgültige Datei kann der VCD-Produktion zugeführt werden.

TIPP

Problem! Unter Umständen kann es vorkommen, dass unter Windows XP nach Abschluss der Exportfunktion der Computer total abstürzt. Dieser Fehler liegt in der zu öffnenden MPEG-Datei. (Dabei wird weder die Premiere-Projektdatei noch die erstellte MPEG-Datei beschädigt oder zerstört.) Wie Sie diese Problematik beheben können, erfahren Sie im folgenden Abschnitt.

Problembehandlung

Um einen Totalabsturz des Rechners nach der Exportfunktion zu vermeiden, *deaktivieren* Sie bitte im Fenster *Einstellungen für Filmexport* das Kontrollkästchen *Fertige Datei öffnen*!

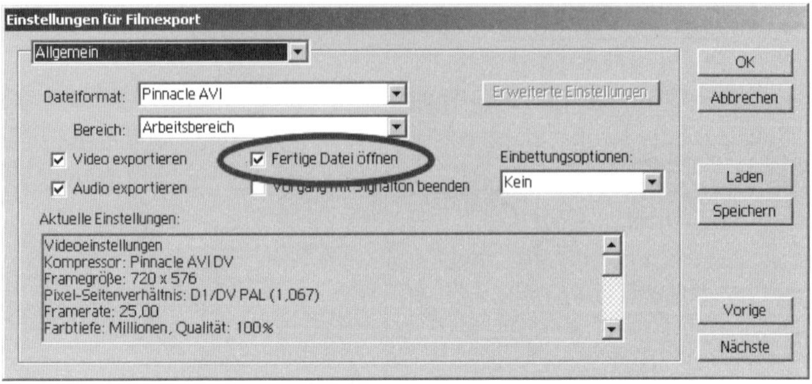

Abb. 1.44: Deaktivieren Sie *Fertige Datei öffnen*

Der Computer sollte nun nicht mehr abstürzen.

Um die fertige Datei einzusehen, öffnen Sie diese bitte über den Arbeitsplatz vom Speicherort oder über den Windows-Explorer. (Diese Problematik liegt nach unserer Meinung NICHT am LSX-MPEG Encoder, sondern an der entsprechenden Windows-Version.)

S-VCD-Datei erstellen

Eine S-VCD (= ***S**uper **V**ideo-**CD**) ist* im Grunde eine VCD mit besserer Bildqualität. Als Kompressionsformat dient MPEG2, die Auflösung ist auf 480 x 576 Pixel erhöht, die maximale Datenrate steigt auf 2600 kBit/sec. und ist zudem noch variabel. Außerdem lassen sich zwei Stereo-/Audiospuren und bis zu vier Untertitel-Tracks einbinden. Deshalb passen auf eine Disc nur noch bis zu 35 Minuten Videomaterial. Seit etwa einem Jahr können fast alle neuen DVD-Player die S-VCD wiedergeben.

MPEG Datei für S-VCD via Standalone LSX erstellen

⇨ Öffnen Sie den LSX-MPEG Encoder aus der Programmgruppe (siehe Abbildung 1.45).

⇨ Öffnen Sie nun den Profile Manager aus dem Menü *File* in der Menüleiste des LSX-MPEG Encoders (siehe Abbildung 1.46).

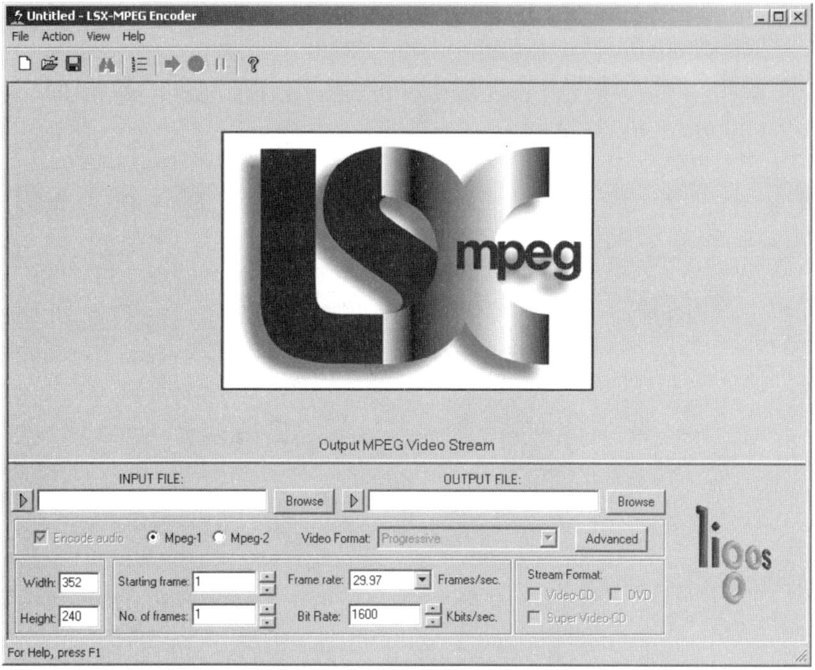

Abb. 1.45: LSX-MPEG Encoder

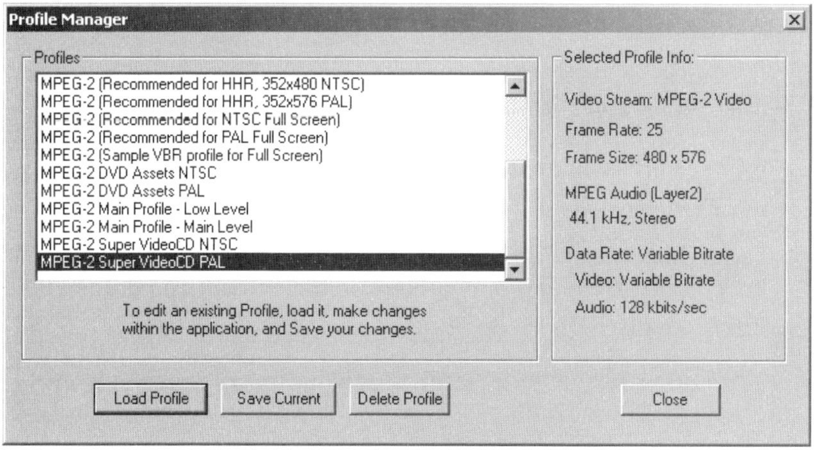

Abb. 1.46: Profile Manager

⇨ Wählen Sie hier den Eintrag *MPEG-2 Super VideoCD PAL* und klikken danach auf den Button *Load Profile*.

⇨ Klicken Sie nun auf den Button *Browse* rechts neben dem Listenfeld unter *INPUT FILE:*.

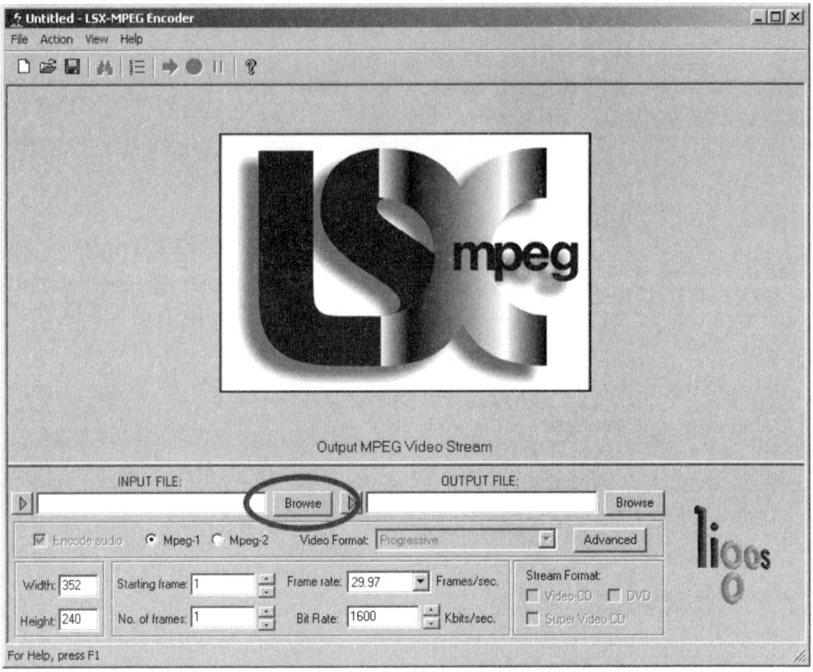

Abb. 1.47: Einfügen der zu encodierenden Datei

⇨ Wählen Sie Ihre zu encodierende Datei aus und klicken danach auf *Öffnen*.

⇨ Legen Sie im Listenfeld unter *OUTPUT FILE:* den Speicherort der encodierten Datei fest und klicken Sie danach auf den grünen Pfeil in der Menü- bzw. Buttonleiste.

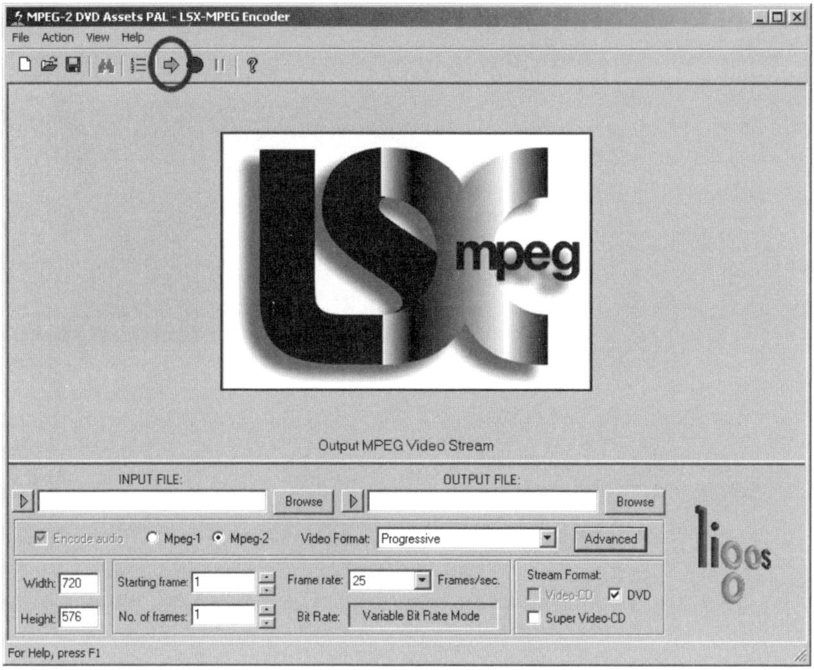

Abb. 1.48: Zum Start auf den grünen Pfeil in der Symbolleiste klicken

⇨ Die Encodierung beginnt und nach deren Abschluss wird Ihnen eine Zusammenfassung der encodierten Datei angezeigt. Damit ist die Dateierstellung für eine S-VCD-Produktion abgeschlossen.

MPEG-Datei für S-VCD via Adobe Premiere Plug-In erstellen

⇨ Öffnen Sie Ihr Projekt in Adobe Premiere und aktivieren Sie das Schnittfenster.

⇨ Klicken Sie nun im Menü auf *Datei/Schnittfenster exportieren/Film* oder drücken Sie die Tastenkombination [Strg] + [M].

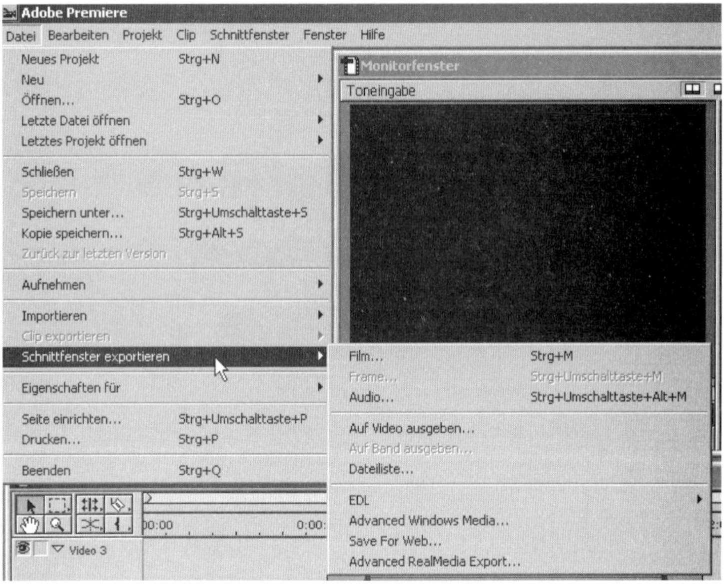

Abb. 1.49: Menüeintrag für den Filmexport in Adobe Premiere

⇨ Es erscheint das Fenster *Film exportieren*.

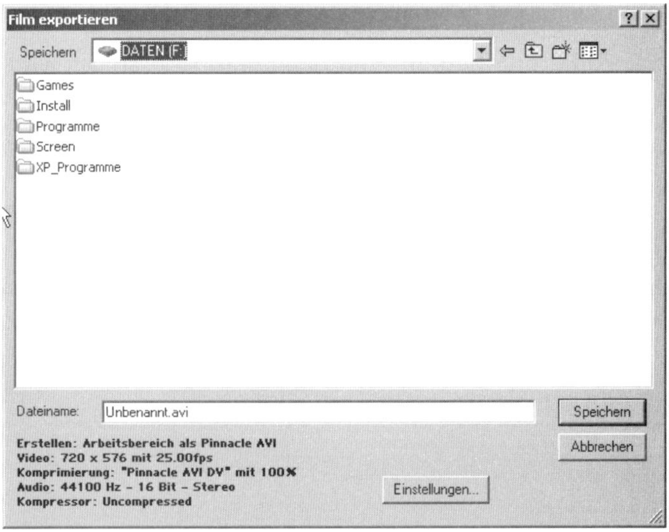

Abb. 1.50: Fenster für *Film exportieren* in Adobe Premiere

⇨ Klicken Sie nun auf den Button *Einstellungen*.

⇨ Das Fenster *Einstellungen für Filmexport* erscheint.

⇨ Klicken Sie in das Listenfeld *Dateiformat* und wählen Sie den Eintrag: *LSX MPEG-1 or MPEG-2*. Nachdem der Eintrag aktualisiert wurde klicken Sie auf den Button *Erweiterte Einstellungen*, worauf das folgende Fenster erscheint.

⇨ Wählen Sie in diesem Fenster die Checkbox *Super Video-CD*.

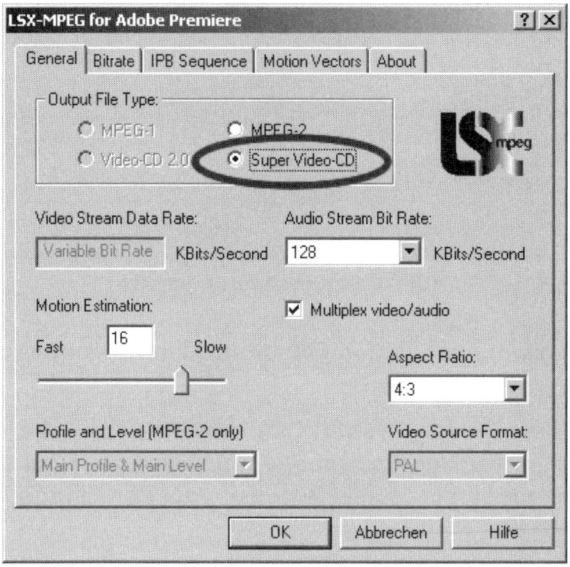

Abb. 1.51: Einstellung für S-VCD im Adobe Premiere LSX Plug-In

Die Einstellungen für eine Super-Video-CD werden eingestellt.

⇨ Da eine Super Video-CD mit einer variablen Datenrate »umgehen« kann, empfehlen wir, diese auch einzustellen. Dazu klicken Sie bitte auf die Registerkarte *Bitrate* und klicken in die Checkbox für *Variable* und belassen den voreingestellten Wert. (Danach wird im Register *General* im Feld für *Video Stream Data Rate* die variable Datenrate angezeigt.)

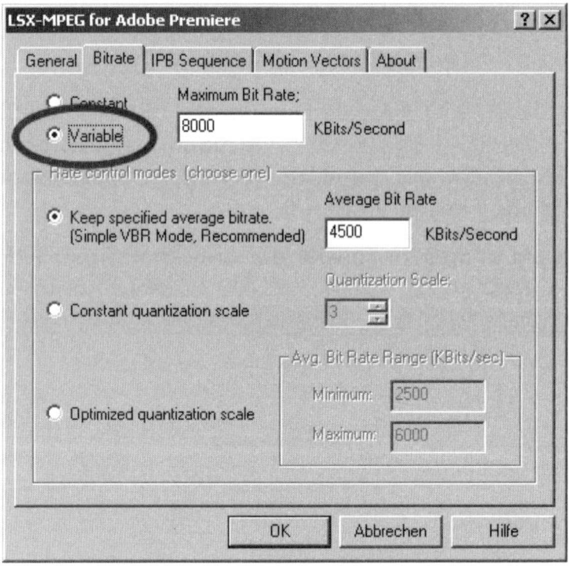

Abb. 1.52: Wahl der Bitrate

⇨ Klicken Sie auf den Button *OK*, um die Einstellungen zu übernehmen.

⇨ Damit diese Datei für das S-VCD-Format Gültigkeit besitzt, klicken Sie nun im Fenster *Einstellungen für Filmexport* auf den Button *Nächste* oder im Listenfeld *Allgemein* auf den Eintrag *Videofilter*.

⇨ Tragen Sie hier im Feld für die *Framegröße* die Framegröße für den Standard einer S-VCD (480 x 576) ein und übernehmen Sie die Einstellungen. Schließen Sie danach das Fenster *Einstellungen für Filmexport* durch Klick auf den Button *OK* (siehe Abbildung 1.53).

(Überprüfen Sie auch die Einstellungen für den Audioexport.)

⇨ Tragen Sie nun in das Listenfeld für *Dateiname* im Fenster *Film exportieren* einen gültigen Dateinamen ein und legen Sie den Speicherort fest. Nach Klick auf den Button *Speichern* wird die Datei mit den von Ihnen gewählten Einstellungen exportiert und steht einer S-VCD-Produktion zur Verfügung.

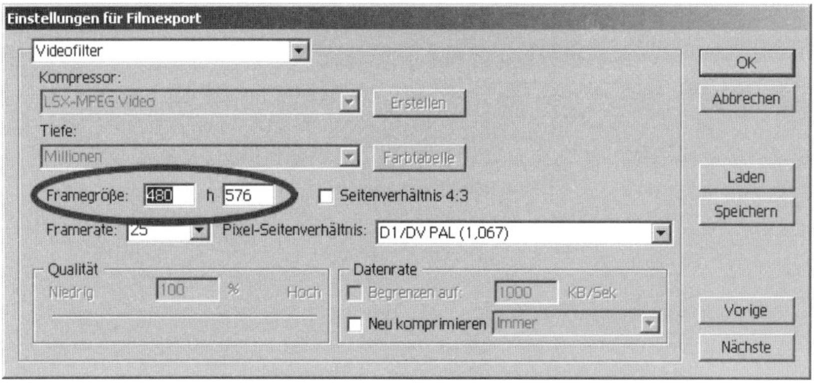

Abb. 1.53: Einstellung der Framegröße für S-VCD

TIPP

Problem! Unter Umständen kann es vorkommen, dass unter Windows XP nach Abschluss der Exportfunktion der Computer total abstürzt. Dieser Fehler liegt in der zu öffnenden MPEG-Datei. (Dabei wird weder die Premiere-Projektdatei noch die erstellte MPEG-Datei beschädigt oder zerstört.) Wie sich diese Problematik beheben lässt, erfahren Sie im folgenden Abschnitt.

Problembehandlung

Um einen Totalabsturz des Rechners nach der Exportfunktion zu vermeiden, *deaktivieren* Sie bitte im Fenster *Einstellungen für Filmexport* das Kontrollkästchen *Fertige Datei öffnen* (siehe Abbildung 1.54).

Der Computer sollte nun nicht mehr abstürzen.

Um die fertige Datei einzusehen, öffnen Sie diese bitte über den Arbeitsplatz vom Speicherort oder über den Windows-Explorer. (Diese Problematik liegt nach unserer Meinung NICHT am LSX-MPEG Encoder, sondern an der entsprechenden Windows-Version.)

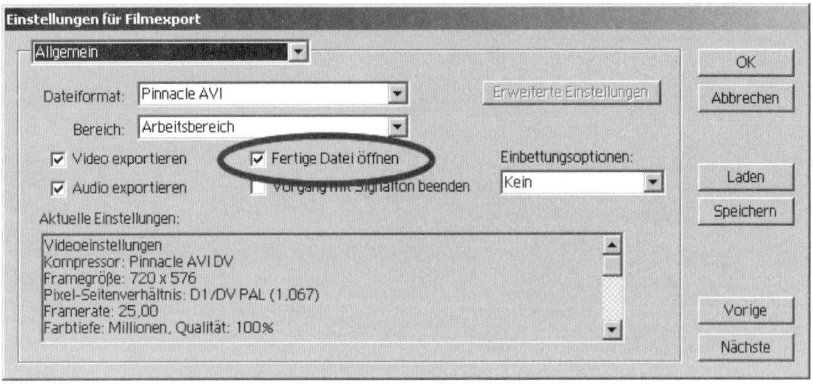

Abb. 1.54: Deaktivieren Sie *Fertige Datei öffnen*

DVD-Datei erstellen

Eine DVD (= ***D**igital **V**ersatile **D**isc)* ähnelt äußerlich einer normalen CD. Allerdings ist die Lesespur erheblich schmaler, die Speichereinheiten der einzelnen Bits sind kleiner. Die Kapazität einer normalen DVD beträgt 4,7GB an Daten beziehungsweise 120 Minuten Video in Standard- oder 60 Minuten in optimaler Qualität. Die DVD ermöglicht Internet-ähnliche Menüs, in denen Anwender per Cursortasten verschiedene Schaltflächen anwählen können.

MPEG-Datei für DVD via LSX Standalone erstellen

⇨ Öffnen Sie den LSX-MPEG Encoder aus der Programmgruppe (siehe Abbildung 1.55).

⇨ Öffnen Sie nun den *Profile Manager* aus dem Menü *File* in der Menüleiste des LSX-MPEG Encoders. Wählen Sie hier den Eintrag *MPEG-2 DVD Assets PAL* und klicken Sie danach auf den Button *Load Profile* (siehe Abbildung 1.56).

⇨ Klicken Sie nun auf den Button *Browse* rechts neben dem Listenfeld unter *INPUT FILE:* (siehe Abbildung 1.57).

⇨ Wählen Sie Ihre zu encodierende Datei aus und klicken Sie danach auf *Öffnen*.

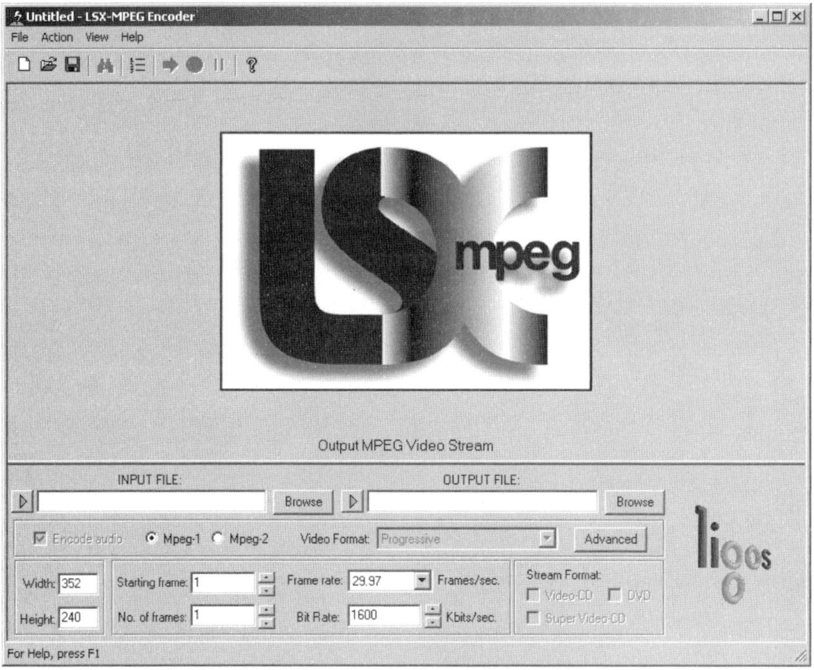

Abb. 1.55: LSX-MPEG Encoder

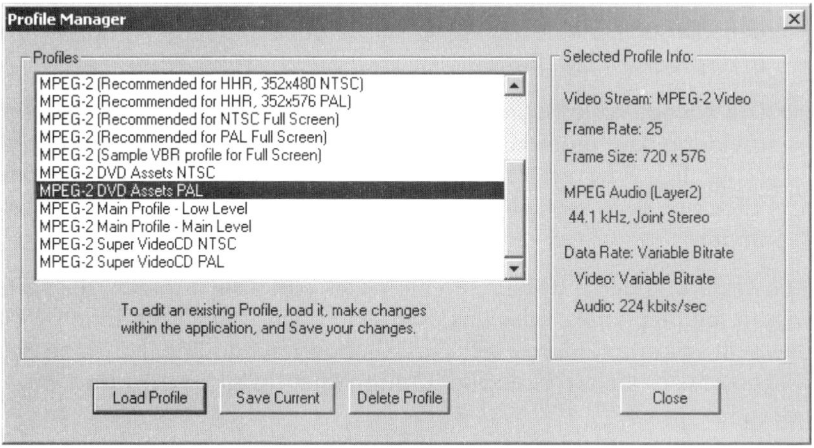

Abb. 1.56: Profile Manager

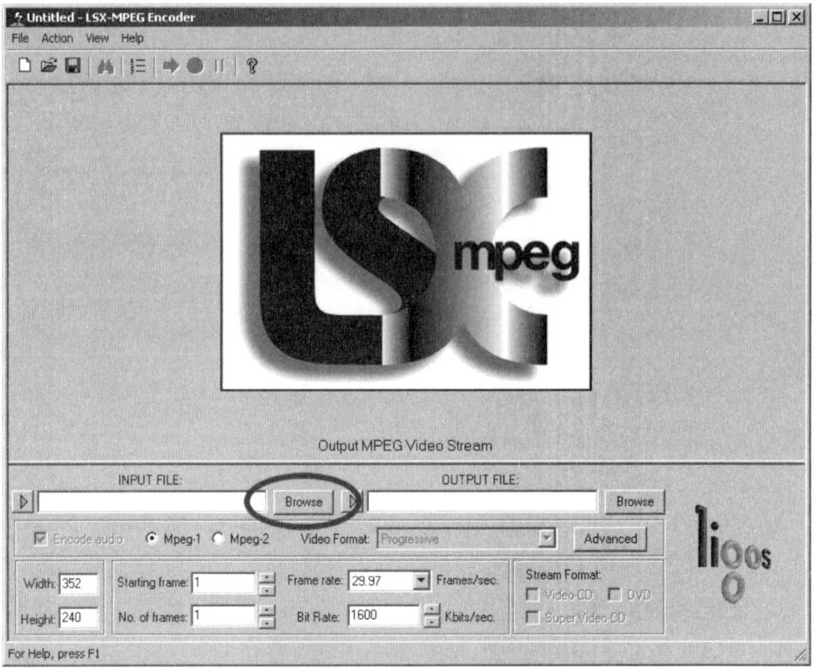

Abb. 1.57: Einfügen der zu encodierenden Datei

⇨ Legen Sie im Listenfeld unter *OUTPUT FILE:* den Speicherort der encodierten Datei fest und klicken Sie danach auf den grünen Pfeil in der Menü- bzw. Buttonleiste (siehe Abbildung 1.58).

⇨ Die Encodierung beginnt. Im Falle des Erscheinens einer Fehlermeldung bzw. eines Hinweises ist im Listenfeld *Videoformat* wahrscheinlich *Progressive* eingestellt. Sie können den Vorgang bei Klick auf *JA* fortsetzen oder bei Klick auf *NEIN* die Einstellungen ändern.

(Die Änderung der Einstellungen für Videoformat setzt voraus, dass Sie wissen, ob das untere oder das obere Halbbild zuerst verwendet werden soll. Wir empfehlen, diese Einstellungen nur zu ändern, wenn Sie wissen, mit welcher Halbbild-Option die Datei gecaptured bzw. gerendert wurde.)

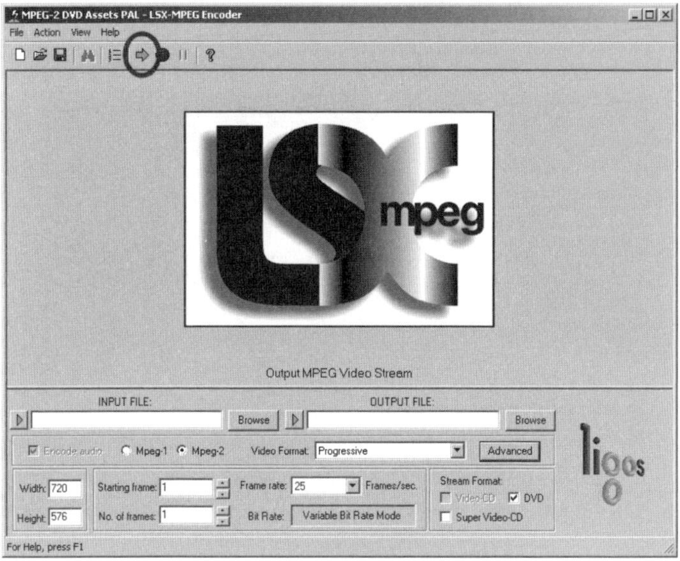

Abb. 1.58: Zum Start auf den grünen Pfeil in der Symbolleiste klicken

MPEG-Datei für DVD via Adobe Premiere Plug-In erstellen

⇨ Öffnen Sie Ihr Projekt in Adobe Premiere und aktivieren Sie das Schnittfenster.

⇨ Klicken Sie nun im Menü auf *Datei/Schnittfenster exportieren/Film* oder drücken Sie die Tastenkombination [Strg] + [M] (siehe Abbildung 1.59)

Es erscheint das Fenster *Film exportieren* (siehe Abbildung 1.60).

⇨ Klicken Sie nun auf den Button *Einstellungen*. Das Fenster *Einstellungen für Filmexport* erscheint.

⇨ Klicken Sie in das Listenfeld *Dateiformat* und wählen Sie den Eintrag *LSX MPEG-1 or MPEG-2*.

⇨ Nachdem der Eintrag aktualisiert wurde, klicken Sie auf den Button *Erweiterte Einstellungen*, worauf folgendes Fenster erscheint (siehe Abbildung 1.61).

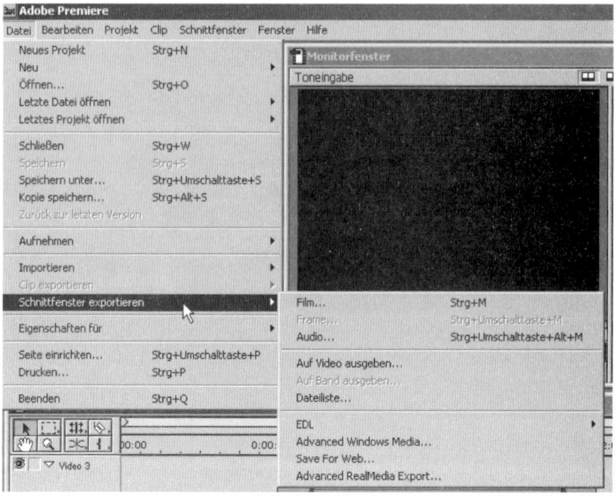

Abb. 1.59: Menüeintrag für den Filmexport in Adobe Premiere

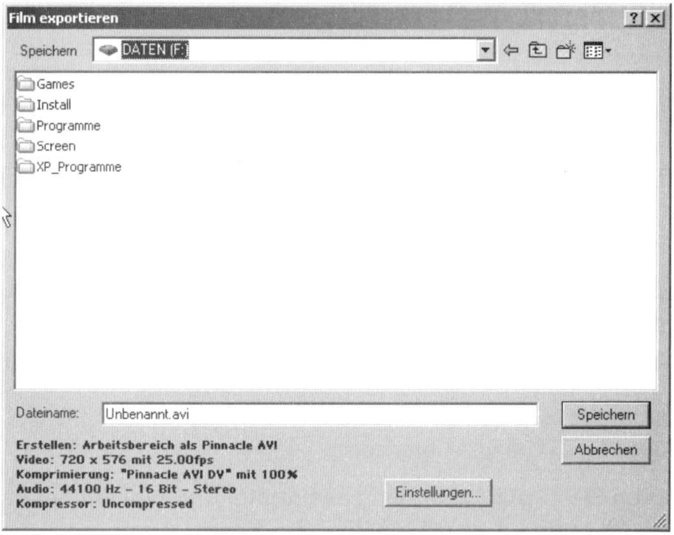

Abb. 1.60: Fenster für *Film exportieren* in Adobe Premiere

⇨ Wählen Sie in diesem Fenster die Checkbox *MPEG-2*. Die Einstellungen für eine DVD werden vorgenommen.

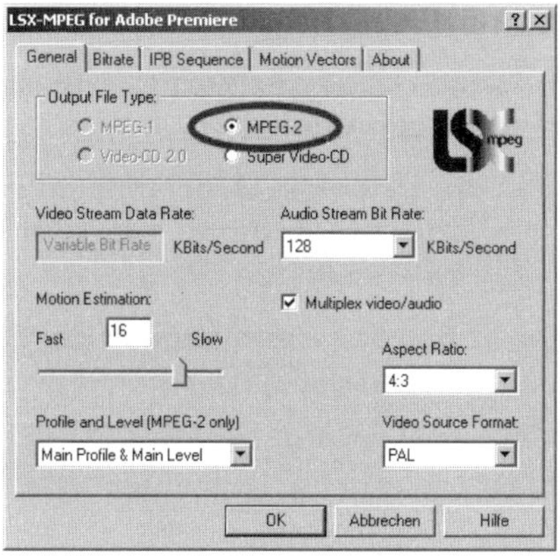

Abb. 1.61: Einstellungen für DVD

⇨ Achten Sie auch auf die Einstellung hinsichtlich der zu verwendenden Fernsehnorm und des angestrebten Seitenverhältnisses. Die Bitrate sollte auf *variabel* eingestellt sein. Klicken Sie nach Fertigstellung aller Einstellungen auf den Button *OK*, womit das Fenster geschlossen wird.

⇨ Klicken Sie nun im Fenster *Einstellungen für Filmexport* auf den Button *Nächste* oder im Listenfeld *Allgemein* auf den Eintrag *Videofilter*.

⇨ Überprüfen Sie hier die Einstellungen hinsichtlich der *Framegröße* und korrigieren Sie diese gegebenenfalls (DVD PAL = 720 x 576).

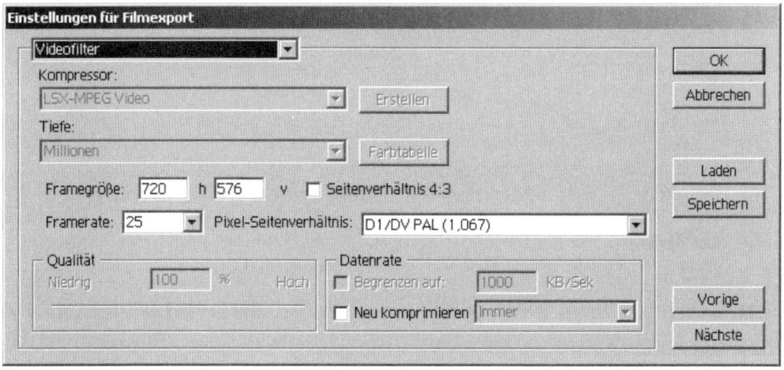

Abb. 1.62: Einstellung für die Framegröße

(Überprüfen Sie auch die Audioeinstellungen.)

⇨ Schließen Sie danach das Fenster *Einstellungen für Filmexport* durch Klick auf den Button *OK*.

⇨ Tragen Sie nun in das Listenfeld *Dateiname* im Fenster *Film exportieren* einen gültigen Dateinamen ein und wählen Sie den Speicherort für die zu erstellende Datei.

⇨ Bei Klick auf den Button *Speichern* beginnt der Exportvorgang und die so erstellte Datei kann der DVD-Produktion zugeführt werden.

TIPP

Problem! Unter Umständen kann es vorkommen, dass unter Windows XP nach Abschluss der Exportfunktion der Computer total abstürzt. Dieser Fehler liegt in der zu öffnenden MPEG-Datei. (Dabei wird weder die Premiere-Projektdatei noch die erstellte MPEG-Datei beschädigt oder zerstört.) Wie sich diese Problematik beheben lässt, erfahren Sie im folgenden Abschnitt.

Problembehandlung

Um einen Totalabsturz des Rechners nach der Exportfunktion zu vermeiden, deaktivieren Sie bitte im Fenster *Einstellungen für Filmexport* das Kontrollkästchen *Fertige Datei öffnen*!

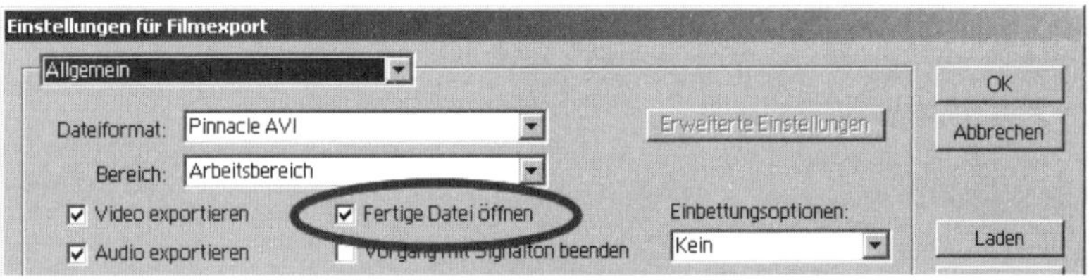

Abb. 1.63: Deaktivieren Sie *Fertige Datei öffnen*

Der Computer sollte nun nicht mehr abstürzen.

Um die fertige Datei einzusehen, öffnen Sie diese bitte über den Arbeitsplatz vom Speicherort oder über den Windows-Explorer. (Diese Problematik liegt nach unserer Meinung NICHT am LSX-MPEG Encoder, sondern an der entsprechenden Windows-Version.)

2 Capturing und Vorbereitungen

Ziel des Kapitels

⇨ Filmmaterial capturen sowie Projekte und Clips vorbereiten

Schritte zum Erfolg

⇨ Arbeitsoberfläche und Menüs kennen lernen

⇨ Filmaufnahme in MPEG2

⇨ Import von Filmmaterial zur DVD-Erstellung

⇨ Einteilung der Filmdatei in Kapitel

Ulead DVD PowerTools starten

Im Folgenden beschreiben wir das DVD-Authoring mit der Software *Ulead DVD PowerTools*. Ausgehend von einer VCD-, S-VCD- oder DVD-Produktion sind Sie mit den DVD PowerTools in der Lage, eine vollwertige Produktion auf Basis VCD, S-VCD oder DVD anzufertigen. Weitere Informationen zu den angesprochenen Versionen erhalten Sie über unsere Hotline oder im Internet. Auf dieser CD finden Sie drei Videoclips im MPEG2-Format (720 x 576 PAL), welche Sie für Ihr erstes Projekt verwenden können. Somit sind Sie in der Lage, unsere Erklärungen besser nachzuvollziehen. Mit dem Kauf dieses Buches haben Sie keine Rechte o.Ä. an diesen Filmen erworben und es ist untersagt, diese Dateien in jeglicher Form zu ändern, zu vertreiben oder anderweitig in Verkehr zu bringen. Eine Zuwiderhandlung wird strafrechtlich verfolgt. Möchten Sie diese Filme verwenden, so kopieren Sie sie bitte in einen Ordner auf Ihrer Videofestplatte.

WEB

Fragen zum Videomaterial und zum Beispielprojekt wenden Sie sich bitte an uns über das Internet unter: *www.isat-computers.de*.

TIPP

Da wir davon ausgehen, dass Sie mit Installationen vertraut sind, verzichten wir auf eine Beschreibung zur Installation der Software Ulead DVD PowerTools. Sollte Ihrer Meinung nach diese Beschreibung angebracht sein, so teilen Sie uns dieses doch bitte mit.

Starten Sie die Ulead DVD PowerTools aus der Programmgruppe oder über die erstellte Verknüpfung auf Ihrem Desktop. Danach erscheint Ulead DVD PowerTools mit folgendem Aussehen:

Abb. 2.1: Startbildschirm von Ulead DVD PowerTools

Der erste Eindruck ist sehr ernüchternd und man hat den Gedanken »... da hätte ich eigentlich mehr erwartet«. Sie werden aber feststellen, dass diese sehr aufgeräumte Oberfläche Sinn macht und Sie jederzeit in die Lage versetzt, den Überblick zu behalten.

Im Folgenden möchten wir Ihnen die einzelnen Elemente beschreiben und danach werden Sie in einem Beispielprojekt die verschiedenen Einzelelemente kennen lernen.

Die Arbeitsoberfläche

Die Menüleiste

Die Menüleiste ist analog aufgebaut. Das heißt, dass die dort aufgeführten Einträge entsprechend dem Vorgang einer DVD-Produktion angeordnet sind. Dabei passt sich die Oberfläche dem jeweils gewählten Menüpunkt an. Sobald Sie ein Projekt angelegt haben, werden die bis dahin inaktiven Einträge aktiv und können jederzeit zur Modifikation angewählt werden.

Abb. 2.2: Menüleiste der DVD PowerTools

Start

Hier beginnen Sie ein neues Projekt oder öffnen ein bestehendes Projekt.

Aufnahme

Nach Neuanlage eines Projekts haben Sie hier die Möglichkeit, Videoclips von Ihrem Camcorder in den Computer zu übertragen. Diese Clips werden entsprechend den Projektvoreinstellungen gecaptured (MPEG1, MPEG2, AVI). Voraussetzung ist das Vorhandensein einer Videoschnitthardware oder Capturekarte wie zum Beispiel DC30, DC30plus, Dazzle, DV500 oder einer ganz normalen FireWire-Karte. (Hinweise und Kompatibilitätslisten erhalten Sie unter: *www.ulead.de*.)

TIPP

Diese Funktion ist dann sinnvoll, wenn Sie Ihre Videodateien ohne Schnitt, Vertonung, Betitelung etc. auf DVD, S-VCD oder VCD bringen möchten. Da mit der neuen Adobe-Premiere-Version 6.5 ein nonlineares Editing von MPEG-Dateien möglich ist, können Sie hier Ihre Videoclips in MPEG2 capturen und in Premiere schneiden, vertonen, betiteln und mit Effekten versehen.

Bearbeiten

Unter diesem Menü importieren Sie Videoclips und/oder Einzelbilder, die Sie zur Erstellung Ihres Projekts benötigen. Weiterhin haben Sie hier die Möglichkeit, Ihre aufgenommenen bzw. gerenderten MPEG-

Dateien nochmals über In- und Out-Points nachzubessern, Kapitel zu erstellen, Titel und Titelreihenfolge festzulegen oder einzelne Frames der Bilderliste hinzuzufügen (Mehr dazu im Beispielprojekt).

Menü

Der wichtigste Punkt! Hier erstellen Sie das Menü. Hier richten Sie Steuerelemente und Beschreibungen ein, legen Links fest und geben Ihrer DVD eine ganz persönliche Note.

Beenden

Unter diesem Menüpunkt haben Sie die Möglichkeit, Ihr erstelltes Projekt vor dem Brennen zu prüfen. Das heißt, hier wird simuliert, wie sich eine DVD nach dem Einlegen in einen DVD-Player oder in ein DVD-ROM-Laufwerk verhält. Dieser Punkt macht Sinn und ist sehr wichtig, da man hierüber einsehen kann, ob alle Links richtig gesetzt sind und ob das Erscheinungsbild den eigenen Vorstellungen entspricht. Weiterhin leiten Sie hier den Brennvorgang ein und können nochmals alle Projekteinstellungen überprüfen (Mehr dazu im Beispielprojekt).

Die Werkzeugleiste

Die *Werkzeugleiste* ist der wichtigste Bestandteil. Hierüber erhalten Sie Zugriff auf alle im Projekt befindlichen Elemente zur Modifikation. Egal welches Element (Videoclip, Schrift etc.) Sie in Ihrem Projekt anwählen – in der Werkzeugleiste werden Ihnen alle Werkzeuge zur Änderung des angewählten Elements angezeigt.

Somit ist es z.B. ausgeschlossen einem Element eine Eigenschaft zuzuweisen, die diesem Element nicht entsprechen würde (z.B. Schriftgrößenänderung bezogen auf einen Videoclip).

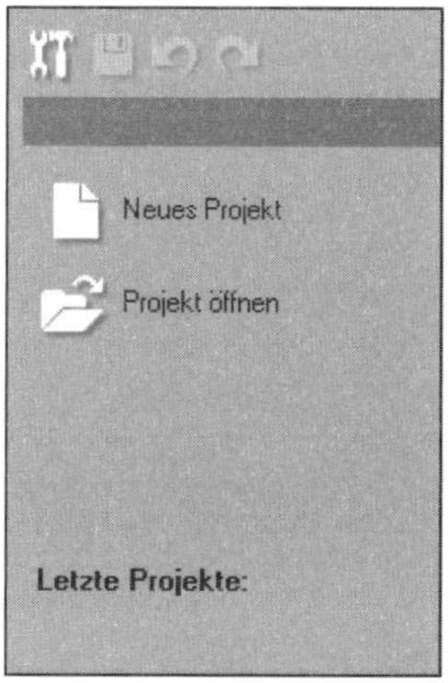

Abb. 2.3: Die Werkzeugleiste

Der Monitor

Abb. 2.4: Monitor in Ulead DVD PowerTools

Im Monitor können Sie Ihre importierten Clips nochmals über In- und Out-Points modifizieren. Weiterhin legen Sie hier die Kapitel für Ihren Film fest.

DVD-Beispielprojekt

Projekteinstellungen

Auf geht's! Im Folgenden beschreiben wir ein Beispiel zur Erstellung einer DVD. Als Basis verwenden wir:

⇨ *ISAT_Intro.mpg* (wird als erster Clips abgespielt, sobald die DVD in ein DVD-ROM-Laufwerk oder einen DVD-Player eingelegt wird)

⇨ Videoclips in MPEG2: *Arendsee_DVD.mpg* und *Gustav.mpg*

Weitere Elemente wie Menühintergrund, Schaltflächen (Button), Frames (Rahmen) etc. verwenden wir aus der umfangreichen Bibliothek von Ulead DVD PowerTools.

Wie bereits erwähnt gehen wir von der Annahme aus, dass Sie den Videoclip für DVD bereits in der Endfassung unter Adobe Premiere oder einer anderen Videoschnittsoftware erstellt haben.

⇨ Öffnen Sie Ulead DVD PowerTools über die Programmgruppe oder per Doppelklick auf die erstellte Verknüpfung Ihres Desktops.

⇨ Es erscheint Ulead DVD PowerTools mit dem in Abbildung 2.5 dargestellten Fenster.

⇨ Klicken Sie auf *Neues Projekt* in der Werkzeugleiste (siehe Abbildung 2.6).

Abb. 2.5: Startansicht von Ulead DVD PowerTools

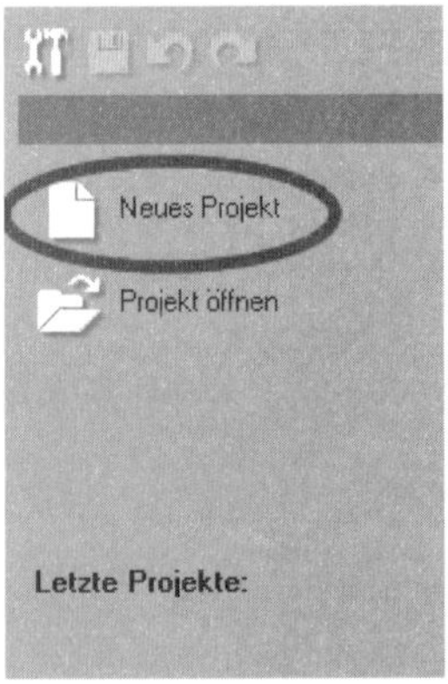

Abb. 2.6: Neuanlage eines Projekts in der Werkzeugleiste

⇨ Es erscheint das Fenster *Neues Projekt*. Im Listenfeld *Projekt Name* tragen Sie bitte einen Namen für Ihr Projekt ein und aktivieren die Checkbox *DVD*.

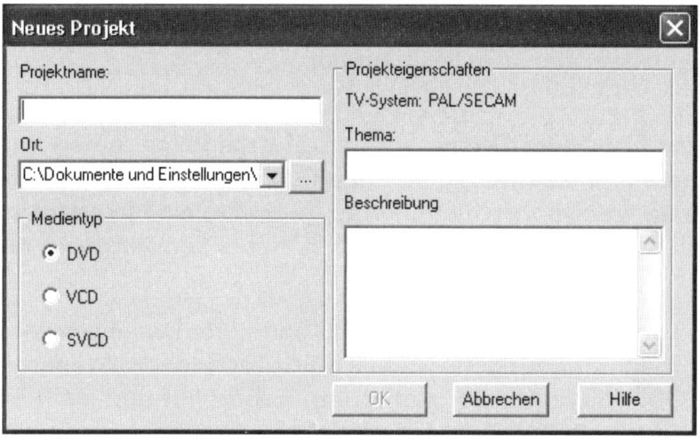

Abb. 2.7: Neues Projekt erstellen

⇨ Im Listenfeld *Ort* wählen Sie bitte eine Festplatte aus, auf welcher sämtliche Daten für Ihr DVD-Projekt gespeichert werden sollen.

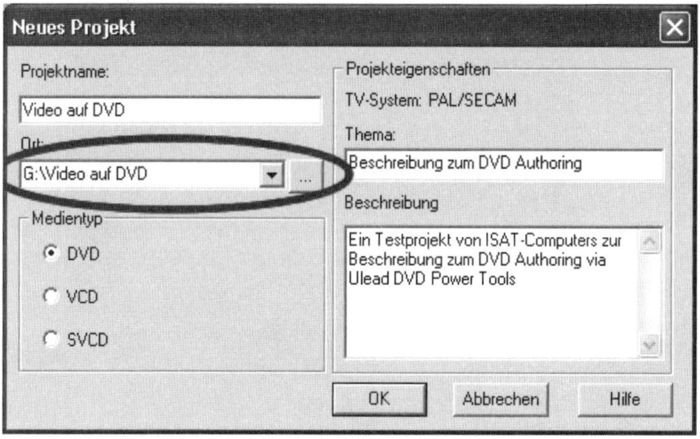

Abb. 2.8: Speicherort festlegen

TIPP

Wählen Sie hier bitte eine Festplatte aus, die über ausreichend freien Speicherplatz verfügt, damit auch temporär geschriebene Daten aufgenommen werden können (bei 1,2 GB Projektgröße werden bis zu 4 GB Festplattenspeicher benötigt).

⇨ In das Listenfeld *Thema* können Sie zusätzlich einen Themennamen für dieses Projekt eintragen und im Listenfeld *Beschreibung* können weitere Informationen zu Ihrem Projekt hinterlegt werden. Schließen Sie nach Ihren Eingaben dieses Fenster durch Klick auf *OK*.

⇨ Das Fenster wird geschlossen und benötigte Daten werden in das von Ihnen angegebene Verzeichnis geschrieben. Weiterhin wird die Oberfläche für das Authoring vorbereitet und stellt sich wie folgt dar.

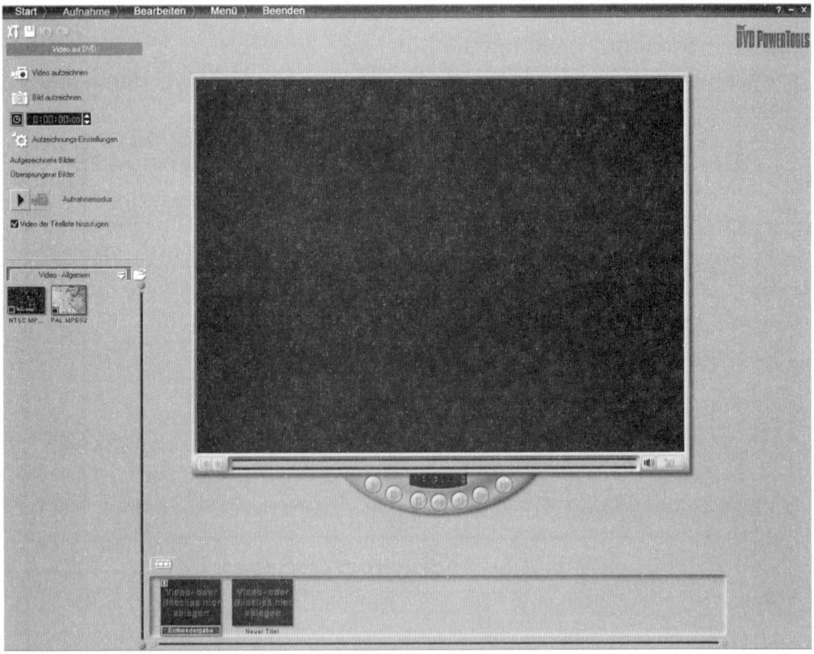

Abb. 2.9: Gesamtansicht nach Projektneuanlage

Sie werden feststellen, dass jetzt auch die sonst inaktiven Menüs in der Menüleiste aktiviert wurden und anwählbar sind.

Bevor Sie mit dem Authoring fortfahren, sollten Sie noch einige Einstellungen überprüfen und gegebenenfalls korrigieren.

⇨ Klicken Sie in der Werkzeugleiste auf das Symbol für die *Einstellungen* und im sich darauf öffnenden Menü auf *Voreinstellungen* oder drücken die Funktionstaste F6 auf Ihrer Tastatur.

Abb. 2.10: Einstellungen festlegen im Menü *Voreinstellungen*

⇨ Im sich öffnenden Fenster legen Sie Einstellungen bezogen auf das aktuelle Projekt fest. Wir empfehlen bei jeder Neuanlage eines Projekts diese Einstellungen aufzurufen, um die Projekteinstellungen zu überprüfen und gegebenenfalls zu ändern (siehe Abbildung 2.11).

⇨ Legen Sie hier unter dem Register *Allgemein* die für Sie gültige TV-Norm fest. Alle weiteren Einstellungen empfehlen wir in den Grundeinstellungen zu belassen. (In unserem Beispiel verwenden wir eine MPEG2-Datei in 720 x 576. Diese Datei entspricht der PAL-Norm. Somit sollte diese Norm auch ausgewählt werden. Für eine NTSC-Produktion informieren Sie sich bitte über die Formattabelle.)

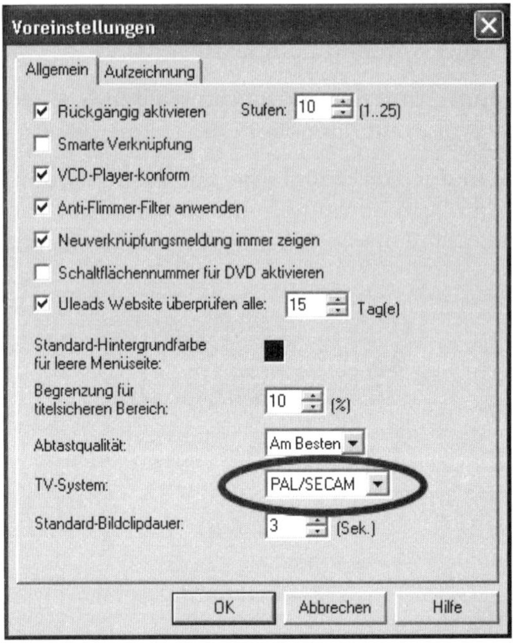

Abb. 2.11: Einstellungen im Fenster *Voreinstellungen* prüfen

⇨ Damit wurden alle Einstellungen getroffen und das Fenster kann durch Klick auf *OK* geschlossen werden.

Capturen (Aufnahme)

Wie bereits erwähnt, sind nach der Neuanlage eines Projekts alle Menüs in der Menüleiste anwählbar und es wird automatisch in das Menü *Aufnahme* gewechselt, sobald man die Angaben für das neue Projekt bestätigt hat.

Abb. 2.12: Automatischer Wechsel in das Menü *Aufnahme*

TIPP

Die Entwickler gingen wahrscheinlich davon aus, dass man, bevor man eine DVD erstellt, einen Videoclip aufzunehmen hat. So kann es z.B. sein, dass Sie einen bereits erstellten und geschnittenen Film auf DV-Band gesichert haben und diesen ohne weiteres Editing dem DVD-Authoring zuführen möchten.

Um eine Aufnahme (Capturing) zu realisieren, gehen Sie wie folgt vor.

⇨ Schließen Sie Ihren Camcorder via FireWire (IEEE 1394) an den Computer an und schalten Sie den Camcorder in den VTR-Modus (Abspielmodus).

⇨ Sofern Ihr Camcorder vom System erkannt und von Ulead DVD PowerTools unterstützt wird, werden nun die zuvor inaktiven Buttons für die Aufnahme und den Wiedergabemodus aktiviert.

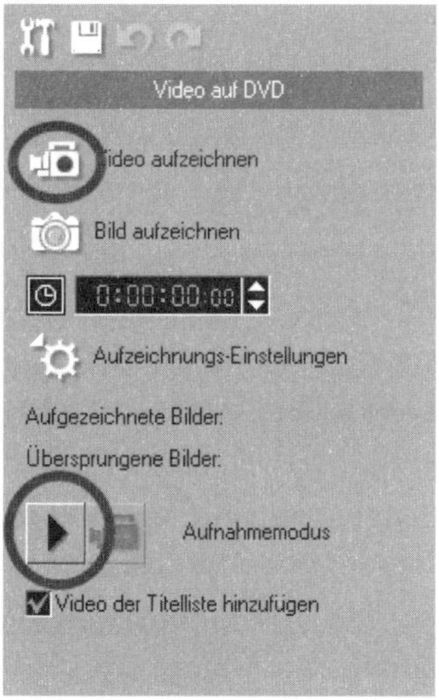

Abb. 2.13: Aktive Buttons in der Werkzeugleiste im Menü *Aufnahme*

⇨ Klicken Sie nun in der Werkzeugleiste auf den Button *Einstellungen*, worauf das folgende Menü erscheint.

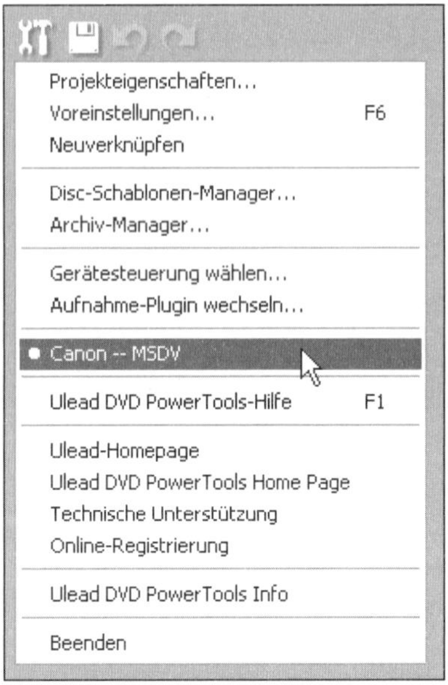

Abb. 2.14: Einstellungen-Menü mit Eintrag des erkannten Geräts

⇨ Wurde Ihr Camcorder vom System erkannt, wird dieser im Menü aufgelistet und angezeigt.

⇨ Bevor Sie jedoch einen Clip im MPEG-Format aufnehmen können, müssen Sie zunächst noch einige Einstellungen treffen.

⇨ Klicken Sie in der Werkzeugleiste auf den Button *Einstellungen* und im sich öffnenden Menü auf den Eintrag *Aufnahme-Plugin wechseln* (siehe Abbildung 2.15).

⇨ Es erscheint ein Fenster, in welchem Sie das Aufnahme-Plugin wechseln können (siehe Abbildung 2.16).

⇨ Standardmäßig wird das Aufnahme-Plugin für eine Aufnahme im AVI-Format verwendet und angezeigt. Da Sie jedoch im MPEG-Format aufnehmen möchten, müssen die das Plug-In *Ulead DSW MPEG-Aufnahme-Plugin* wählen.

⇨ Klicken Sie dazu in das Listenfeld mit der Bezeichnung für die Plug-Ins und wählen Sie das zuvor erwähnte Plug-In aus (siehe Abbildung 2.17).

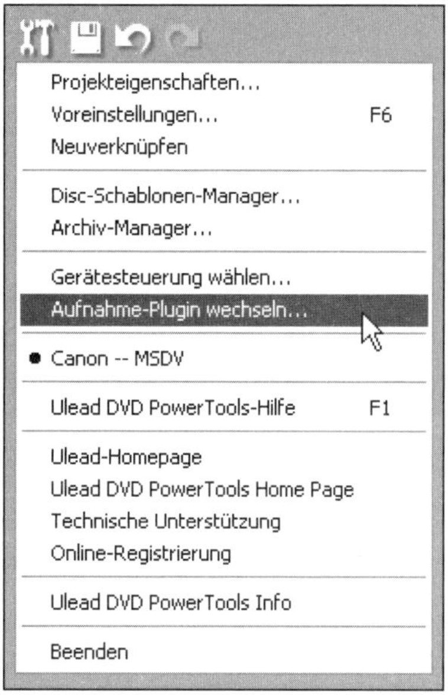

Abb. 2.15: *Einstellungen*-Menü mit Eintrag *Aufnahme-Plugin wechseln*

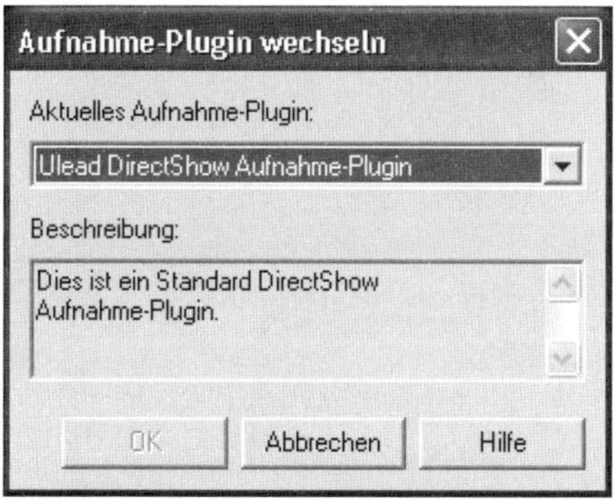

Abb. 2.16: Wechsel des Aufnahme-Plugin

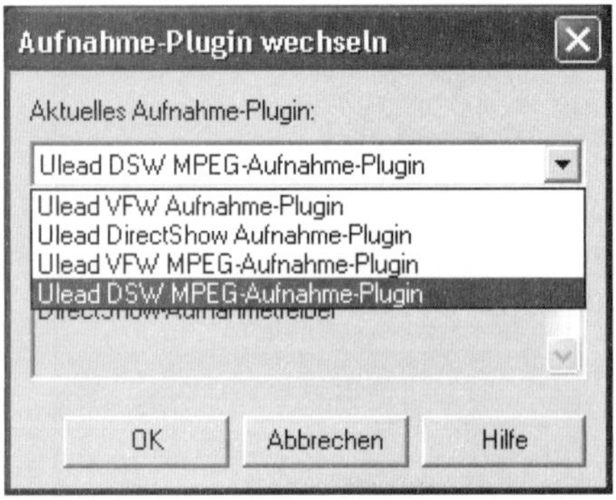

Abb. 2.17: Wahl des Aufnahme-Plugins

⇨ Haben Sie das *Ulead DSW MPEG-Aufnahme-Plugin* gewählt, können Sie Ihre Wahl durch Klick auf den Button *OK* bestätigen.

⇨ Als Nächstes müssen Sie noch die Einstellungen für die MPEG-Aufnahme festlegen und anpassen.

⇨ Klicken Sie dazu in der Werkzeugleiste auf den Button *Aufzeichnungs-Einstellungen*.

Abb. 2.18: Button für *Aufzeichnungs-Einstellungen*

⇨ Im erscheinenden Menü klicken Sie dann auf den Eintrag *MPEG-Einstellungen*.

Abb. 2.19: Menü *MPEG-Einstellungen* der Aufzeichnungs-Einstellungen

⇨ Im sich öffnenden Fenster wählen Sie die Vorgabe *MPEG2-720x576 PAL Vorgabe*. Damit wurden alle Einstellungen für eine Aufnahme im MPEG2-Format festgelegt und Sie können Ihre Einstellungen mit Klick auf den Button *OK* abschließen (siehe Abbildung 2.20).

Wenn Sie jetzt einen Blick auf den Monitor werfen, werden Sie feststellen, dass die Buttons unterhalb des Monitors einer Gerätesteuerung angepasst wurden (siehe Abbildung 2.21).

⇨ Klicken Sie nun auf den Button *Wiedergabe* unterhalb des Monitors.

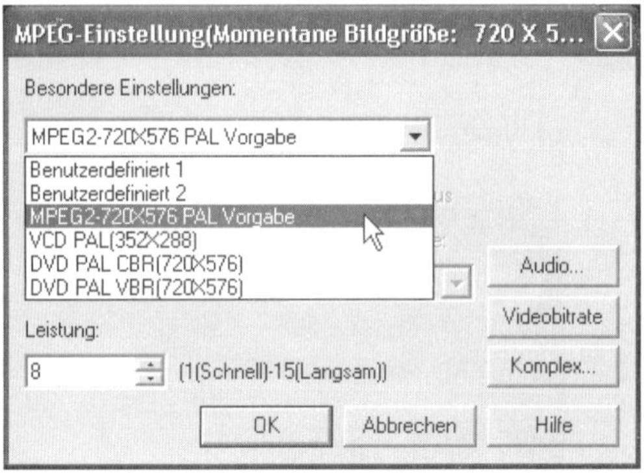

Abb. 2.20: MPEG-Einstellungen für eine Aufnahme in PAL

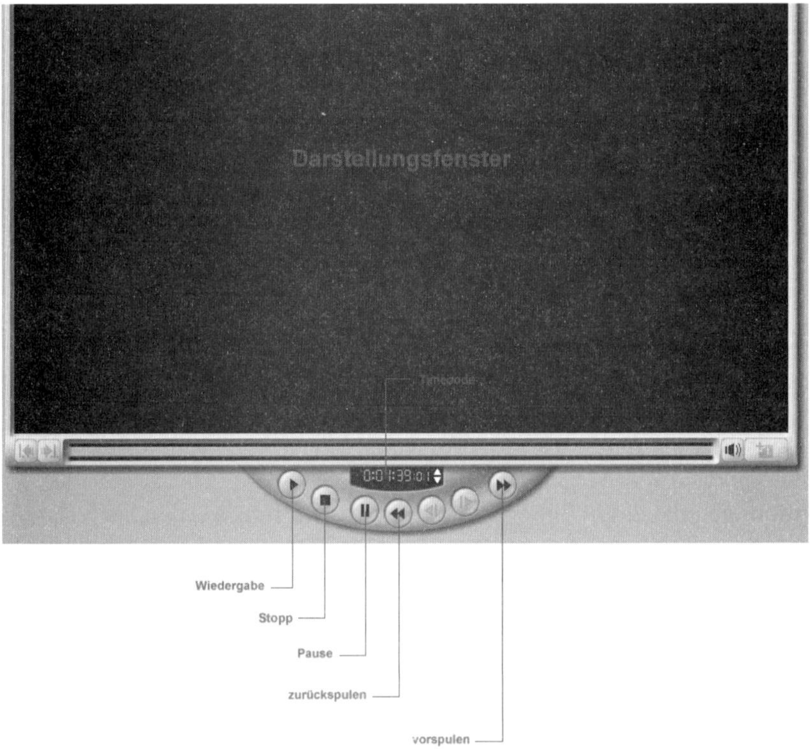

Abb. 2.21: Monitordarstellung im Menü *Aufnahme*

⇨ Das im Camcorder befindliche Band wird abgespielt und das Videomaterial wird im Monitor in Echtzeit dargestellt.

Abb. 2.22: Echtzeitdarstellung im Monitor

⇨ Sobald die gewünschte Szene für die Aufnahme beginnt, klicken Sie in der Werkzeugleiste auf den Button *Video aufzeichnen* (siehe Abbildung 2.23).

Das Videomaterial wird weiterhin im Monitor in Echtzeit dargestellt. Dass die Aufnahme gestartet wurde, erkennen Sie daran, dass sich der soeben angeklickte Button in der Darstellung geändert hat (siehe Abbildung 2.24).

⇨ Möchten Sie die Aufnahme beenden, so klicken Sie wiederum auf den zuvor beschriebenen Button *Video aufzeichnen*.

Abb. 2.23: Aufnahme starten

Abb. 2.24: Aufnahme-Button während der Aufnahme

⇨ Je nach Länge des aufgenommenen Clips kann die Speicherung auf der zuvor eingestellten Festplatte einige Zeit in Anspruch nehmen. Dieser Vorgang wird Ihnen optisch durch eine Fortschrittsanzeige dargestellt.

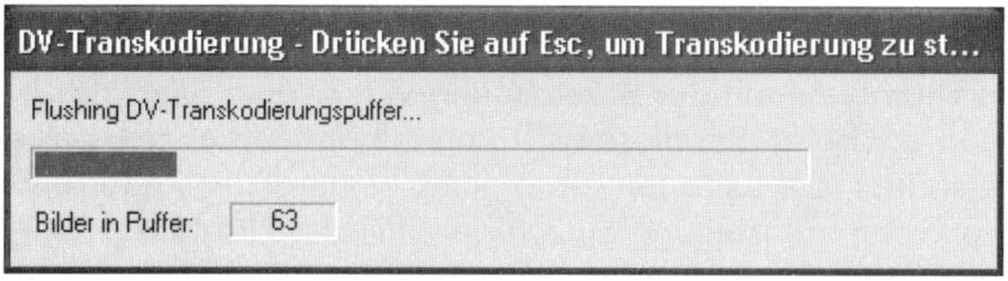

Abb. 2.25: Anzeige über die Transkodierung bzw. Speicherung

⇨ Haben Sie so alle benötigten Clips aufgenommen und gespeichert, werden diese in der Clipliste als Thumbnails dargestellt.

Abb. 2.26: Clipliste nach der Aufnahme

⇨ Weiterhin werden die aufgenommenen Clips in der Titelliste entsprechend der Aufnahmereihenfolge aufgelistet.

Abb. 2.27: Titelliste mit aufgenommenen Clips

⇨ Bei Bedarf können Sie nun die Clips in der Titelliste in der Reihenfolge anpassen. Ziehen Sie dazu einfach einen Clip per Drag&Drop an die gewünschte Position in der Titelliste.

⇨ Sie werden feststellen, dass hinter dem letzten Clip in der Titelliste ein Thumbnail mit der Bezeichnung *Video- oder Bildclips hier ablegen* erscheint. Bei diesem Thumbnail handelt es sich um einen Platzhalter, der es Ihnen ermöglicht, weitere Clips oder Bilder in Ihre Zusammenstellung einzufügen. (Dieser Platzhalter ist immer vorhanden.)

Clips einsehen

Um die zuvor aufgenommenen Clips nochmals einzusehen gehen Sie wie folgt vor.

⇨ Klicken Sie in der Clipliste oder der Titelliste per Doppelklick auf den gewünschten Clip.

⇨ Der so gewählte Clip wird mit dem ersten Frame im Monitor dargestellt.

⇨ Um diesen Clip wiederzugeben klicken Sie nun auf den Button *Wiedergabe* (Play) unterhalb des Monitors.

Eine weitere Möglichkeit, diese Clips ohne Ulead DVD PowerTools einzusehen, besteht über die Wiedergabe mit dem Windows Media Player.

⇨ Öffnen Sie den Arbeitsplatz über das Desktop in Windows oder über Klick auf den Button *Start* (Windows XP).

⇨ Wählen Sie nun Ihre zuvor ausgewählte Festplatte für die Speicherung Ihrer Ulead DVD PowerTools-Projektdaten.

⇨ Auf dieser Festplatte finden Sie einen Ordner mit der Bezeichnung des von Ihnen gewählten Projektnamens unter Ulead DVD PowerTools.

⇨ Öffnen Sie diesen Ordner durch Doppelklick.

⇨ In diesem Ordner befindet sich ein weiterer Ordner mit der Bezeichnung *Aufnahme*. Öffnen Sie auch diesen Ordner durch einen Doppelklick.

⇨ Jetzt werden Ihnen die darin befindlichen Clips bzw. Dateien angezeigt. Wählen Sie nun einen gewünschten Clip per Doppelklick aus, worauf dieser über den Windows Media Player abgespielt wird.

Clips löschen

Um einen Clip zu löschen gehen Sie wie folgt vor.

⇨ Klicken Sie zuerst den zu löschenden Clip in der Titelliste mit der rechten Maustaste an. Im sich öffnenden Menü klicken Sie auf den Eintrag *Löschen*.

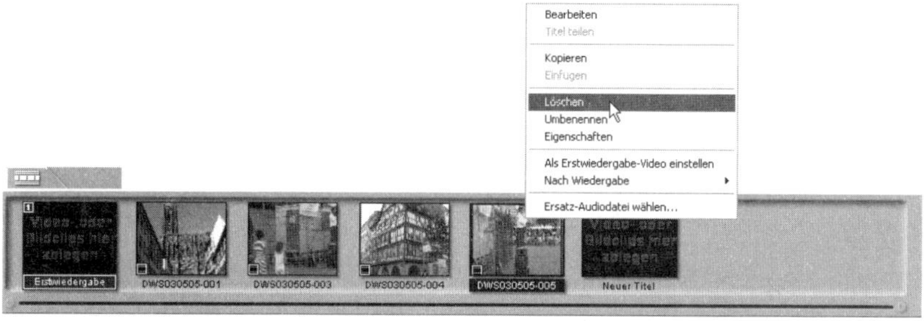

Abb. 2.28: Clip aus der Titelliste löschen

Der so gewählte Clip wird ohne Nachfrage aus der Titelliste gelöscht.

⇨ Klicken Sie nun den soeben in der Titelliste gewählten und gelöschten Clip in der Clipliste mit der rechten Maustaste an.

⇨ Im sich öffnenden Menü klicken Sie nun auf den Eintrag *Löschen*.

⇨ Es erscheint ein Fenster, in welchem Sie gefragt werden, ob Sie die Miniatur löschen möchten. Bestätigen Sie diese Abfrage mit Klick auf den Button *Ja*.

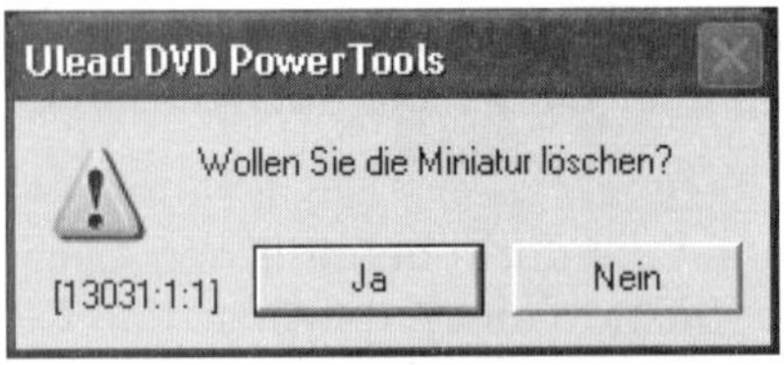

Abb. 2.29: Erste Abfrage zum Löschen eines Clips

⇨ Jetzt erscheint wiederum ein Fenster, in welchem Sie gefragt werden, ob Sie auch die Datei aus Ihrem System entfernen, also löschen möchten.

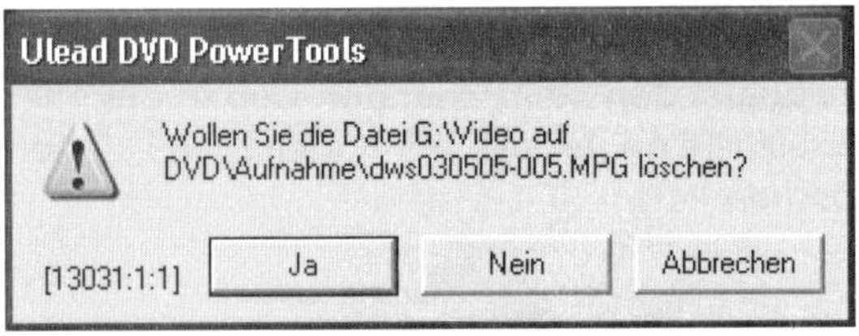

Abb. 2.30: Zweite Abfrage zum Löschen eines Clips

TIPP

Möchten Sie den gewählten Clip nur aus der Ansicht bzw. Arbeitsoberfläche von Ulead DVD PowerTools entfernen, so klicken Sie auf den Button *Nein*. Möchten Sie hingegen den gewählten Clip endgültig aus Ihrem System entfernen bzw. löschen, so klicken Sie auf den Button *Ja*.

⇨ Klicken Sie auf den Button *Nein*, so wird der gewählte Clip aus der Arbeitsoberfläche von Ulead DVD PowerTools gelöscht, steht jedoch für einen erneuten Import in Ulead DVD PowerTools zur Verfügung.

⇨ Klicken Sie auf den Button *Ja*, so wird der gewählte Clip sowohl aus der Arbeitsoberfläche von Ulead DVD PowerTools als auch endgültig aus dem System (Computer) gelöscht.

In diesem Abschnitt haben Sie die Aufnahmefunktion in Ulead DVD PowerTools kennen gelernt, um Videoclips im MPEG2-Format aufzunehmen. Um Videoclips im AVI-Format aufzunehmen brauchen Sie nur das Aufnahme-Plugin zu wechseln. Das Verfahren, um Clips zu löschen, können Sie unabhängig von der Aufnahme verwenden. Die Möglichkeit, einen Clip zu löschen, steht Ihnen in den Menüs *Aufnahme* und *Bearbeiten* zur Verfügung.

Vorhandene Clips importieren und editieren

Um vorhandene Clips in Ulead DVD PowerTools zu importieren und zu bearbeiten, wählen Sie zunächst den Menüpunkt *Bearbeiten* in der Menüleiste.

Abb. 2.31: Menü *Bearbeiten* in der Menüleiste

⇨ Klicken Sie auf den Button *Videodatei laden* in der Clipliste.

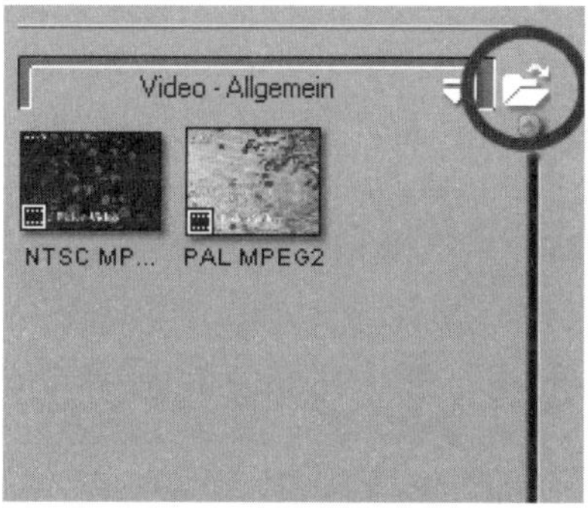

Abb. 2.32: Button für *Videodatei laden*

⇨ Im sich darauf öffnenden Fenster wählen Sie bitte den Speicherort und die zu verwendende MPEG2-Datei aus.

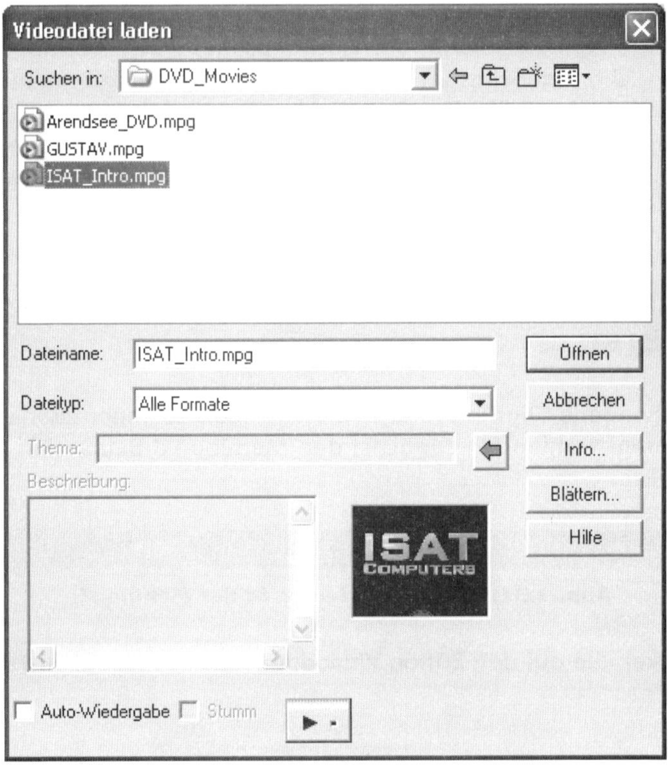

Abb. 2.33: Fenster *Videodatei laden*

⇨ Im Fenster *Videodatei laden* können Sie sich den gewählten Clip in der Vorschau ansehen oder anhören, wenn Sie auf den Button *Wiedergabe* unterhalb der Vorschau klicken.

⇨ Haben Sie die gewünschte Datei gefunden und markiert, so klikken Sie bitte auf den Button *Öffnen*, womit diese Datei in das Projekt und in die Clipliste eingefügt wird.

⇨ Um weitere Dateien in Ihr Projekt einzufügen, verfahren Sie bitte wie in den vorhergehenden Punkten beschrieben.

TIPP

Jede so eingefügte Datei wird als Titel behandelt. Soll dieser Titel später abspiel- und anwählbar sein, so muss er im Menü aufgeführt werden. Verwechseln Sie einen *Titel* bitte nicht mit mit einem *Kapitel*! Ein Kapitel ist ein Abschnitt innerhalb einer MPEG2-Datei. Ein Kapitel kann sowohl über das Menü (bei Eintrag) oder über die Remote-Funktion Ihrer Fernbedienung abgerufen werden.

⇨ Haben Sie so alle notwendigen Dateien in Ihr Projekt eingefügt, werden diese in der Clipliste der Werkzeugleiste als Thumbnails dargestellt.

Abb. 2.34: Clipliste mit importierten Clips

⇨ Sie können die Größe der Thumbnails einstellen, indem Sie einen Clip mit der rechten Maustaste anklicken und im sich darauf öffnenden Menü Ihre gewünschte Größe einstellen.

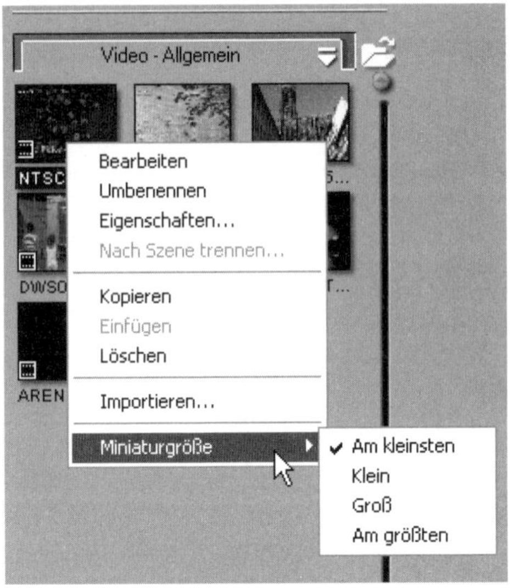

Abb. 2.35: Einstellen der Thumbnailgröße in der Clipliste

TIPP

Diese Größenänderung wirkt sich auch auf sämtliche in dieser Ansicht aufgelisteten Elemente (Bilder, Frames etc.) aus, was die Übersicht unter Umständen beeinträchtigen kann.

⇨ Wählen Sie nun den ersten abzuspielenden Clip aus und ziehen diesen per Drag&Drop in das Thumbnail *Erstwiedergabe* unterhalb des Monitors. Zugleich wird dieser Clip im Monitor angezeigt (siehe Abbildung 2.36).

⇨ Dieser so gesetzte Clip wird abgespielt, sobald die DVD in ein DVD-ROM-Laufwerk eines PC oder in einen DVD-Player eingelegt wird. (Verwenden Sie diesen »First Play« für Ihr Intro o.Ä.)

Abb. 2.36: Clip als Erstwiedergabe einfügen

TIPP

Möchten Sie einen anderen als den von Ihnen gesetzten Clip als Erstwiedergabe verwenden, so ziehen Sie einfach den neuen Clip per Drag&Drop in das Thumbnail Erstwiedergabe. Der darin befindliche Clip wird ersetzt und der erste Frame des neuen Clips wird im Monitor angezeigt.

⇨ Wählen Sie den zweiten Clip aus und ziehen diesen wiederum per Drag&Drop aus der Clipliste der Werkzeugleiste in das zweite Thumbnail *Neuer Titel* unterhalb des Monitors.

Abb. 2.37: Ersten Titel in die Titelliste einfügen

⇨ Automatisch wird ein neues Thumbnail nach dem belegten Thumbnail erstellt und der erste Frame des neu gesetzten Clips wird im Monitor angezeigt.

⇨ Fügen Sie so alle zu verwendenden Clips als Titel in das Projekt ein. Möchten Sie einen Clip im Monitor abspielen, so klicken Sie diesen per Doppelklick an und klicken danach auf *Wiedergabe* in der Monitorsteuerung. Informationen zu diesem Clip werden in der Werkzeugleiste angezeigt.

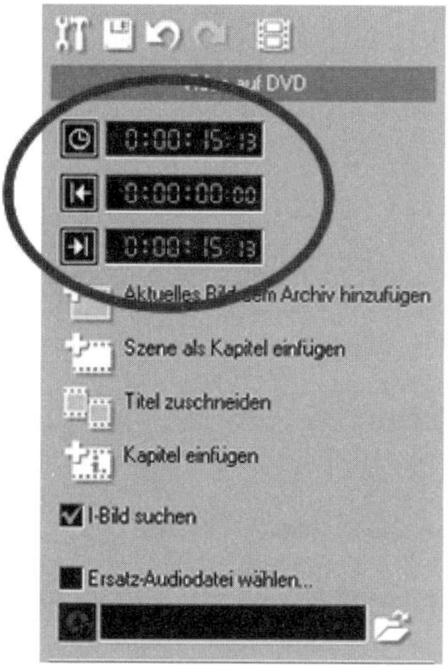

Abb. 2.38: Informationen zum gewählten Clip im Monitor

Kapitel für einen Clip festlegen

⇨ Klicken Sie per Doppelklick auf den Clip in der Thumbnailansicht unterhalb des Monitors, welcher in Kapitel aufgeteilt werden soll.

⇨ Der erste Frame des Clips erscheint im Monitor.

⇨ Sollte die Kapitelliste noch nicht angezeigt werden, so aktivieren Sie diese durch Anklicken des Kapitelsymbols in der Werkzeugleiste.

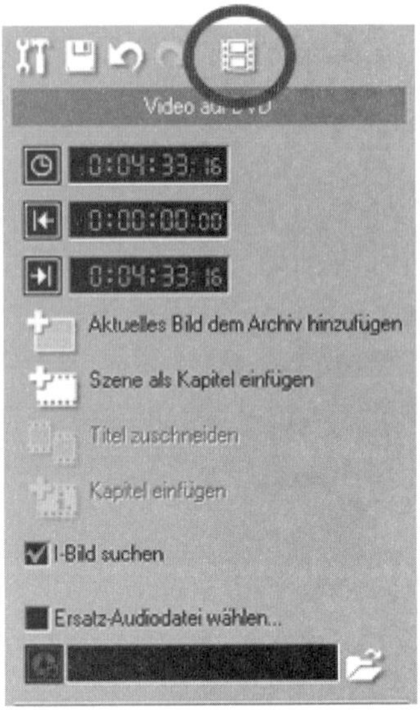

Abb. 2.39: Button zum Einblenden/Ausblenden der Kapitelliste

⇨ Die Kapitelliste erscheint sodann auf der rechten Seite der Arbeitsoberfläche.

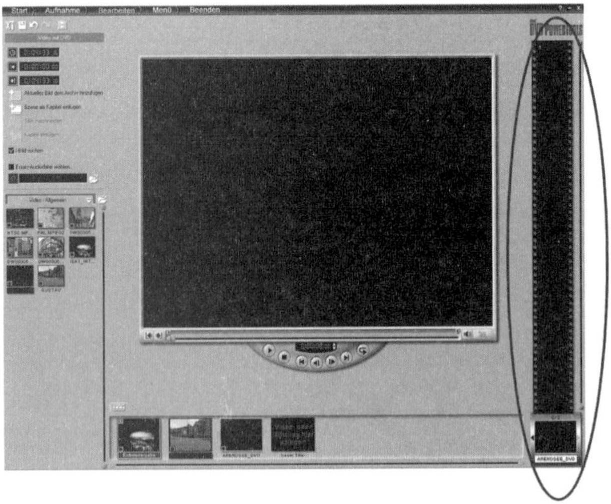

Abb. 2.40: Gesamtansicht mit eingeblendeter Kapitelliste

⇨ Bewegen Sie nun den Schieberegler des Monitors an die Stelle, an der das erste Kapitel eingestellt werden soll. Die Feineinstellung nehmen Sie bitte über die Buttons *Frame vor* oder *Frame zurück* vor.

Abb. 2.41: Szenenauswahl im Monitor

⇨ Haben Sie sich für den ersten Frame des Kapitels entschieden, so klicken Sie auf den Button *Kapitel einfügen* auf der rechten Seite des Monitors (siehe Abbildung 2.42).

⇨ Dieser »Zeitpunkt« wird nun in die Kapitelliste eingefügt und als Thumbnail in der Kapitelliste dargestellt.

⇨ Wählen Sie nun weitere Abschnitte, um diese als Kapitel Ihrer Kapitelliste hinzuzufügen.

Als Beispiel sehen Sie in der Abbildung 2.43 die Kapitelliste für die Datei *Arendsee_DVD.mpg*.

Abb. 2.42: Button *Kapitel einfügen* im Monitor

Abb. 2.43: Kapitelliste für die Beispieldatei *Arendsee_DVD.mpg*

TIPP

Gestalten Sie Kapitel in verträglichem Rahmen. Das heißt: nicht zu lang und nicht zu kurz. So können Sie Ihre DVD noch übersichtlicher gestalten und bei Vorführungen gezielt an eine gewünschte Stelle in Ihrem Film springen. zum Beispiel: der Schnitt von einer Gebirgs-impression zu einer Seeimpression.

⇨ Spätestens jetzt wird es Zeit, Ihr erstelltes Projekt zu speichern. Klicken Sie dazu einfach auf das Diskettensymbol in der Werkzeugleiste.

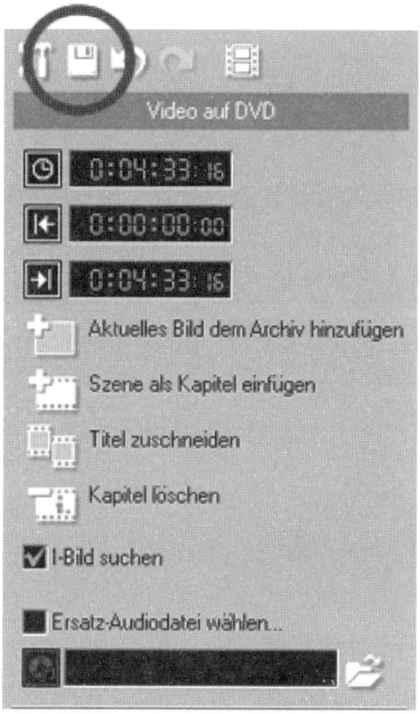

Abb. 2.44: Speichern Sie Ihr Projekt durch Klick auf das Diskettensymbol

Da Ihr Projekt bereits eine Bezeichnung besitzt, brauchen Sie keine weiteren Angaben zu machen. Die Speicherung wird durch eine Fortschrittsanzeige optisch dargestellt, welche nach Abschluss der Speicherung geschlossen wird.

3 DVD-Menüs erstellen

Ziel des Kapitels

- ⇨ Erstellen eines DVD-Menüs

Schritte zum Erfolg

- ⇨ Anlegen von Menüs und Untermenüs (Submenü)
- ⇨ Erstellen eines Hintergrundes
- ⇨ Verwendung und Formatierung von Schriften
- ⇨ Anlegen eines Motion Menüs
- ⇨ Modifizierung von Schaltflächen
- ⇨ Einfügen von Kapiteln in die Menüoberfläche

Im Folgenden beschreiben wir die Erstellung eines Menüs im DVD-Authoring mit der Software »Ulead DVD PowerTools«.

Erlernen Sie, wie man einen Hintergrund erstellt, Schriften verwendet und diese formatiert, ein Bewegungsmenü (Motion Menü) anlegt und Schaltflächen modifiziert.

Weiterhin gehen wir auf die Erstellung von Untermenüs ein und beschreiben das Einfügen von Kapiteln in die Menüoberfläche.

Neues Menü erstellen

Ist die Editierung Ihrer Clips im Menü *Bearbeiten* abgeschlossen, klikken Sie in der Menüleiste auf den Eintrag *Menü*.

Abb. 3.1: Menü *Menü* in der Menüleiste

Da für jedes neue Projekt noch kein Menü existiert, wird Ihnen angeboten, ein Menü über den Menü-Assistenten zu erstellen. Solange Sie noch nicht mit der Erstellung eines Menüs vertraut sind, empfehlen wir diesen Assistenten zu nutzen.

Nachdem Sie in der Menüleiste auf den Eintrag *Menü* geklickt haben, erscheint das in Abbildung 3.1 dargestellte Fenster.

⇨ Belassen Sie die Voreinstellungen in diesem Fenster und klicken Sie auf *Weiter*. Die Checkboxen *Wählen Sie einen Menütyp zum Erstellen* und *Standardmenü (Schablone)* sollten aktiviert sein.

⇨ Im nun erscheinenden Fenster klicken Sie bitte auf das Register *Klassisch* und wählen die Vorgabe *CL001* (siehe Abbildung 3.3).

⇨ Die Einstellungen werden übernommen durch Klick auf den Button *Fertig stellen*.

Nachdem Sie den Menü-Assistenten durch *Fertig stellen* geschlossen haben, stellt sich die Arbeitsoberfläche wie in Abbildung 3.4 gezeigt dar.

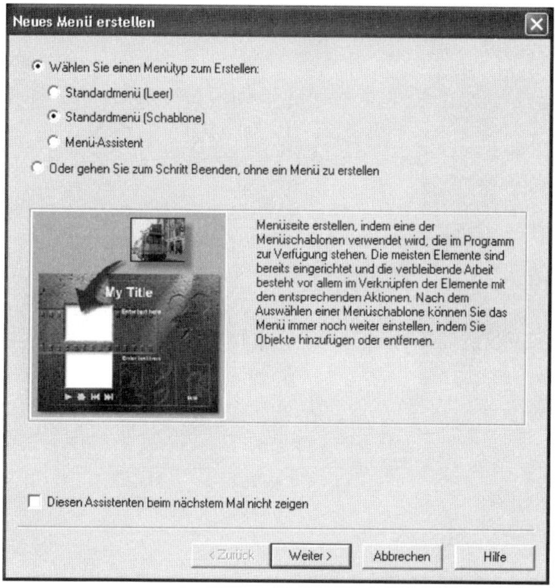

Abb. 3.2: Menü-Assistent

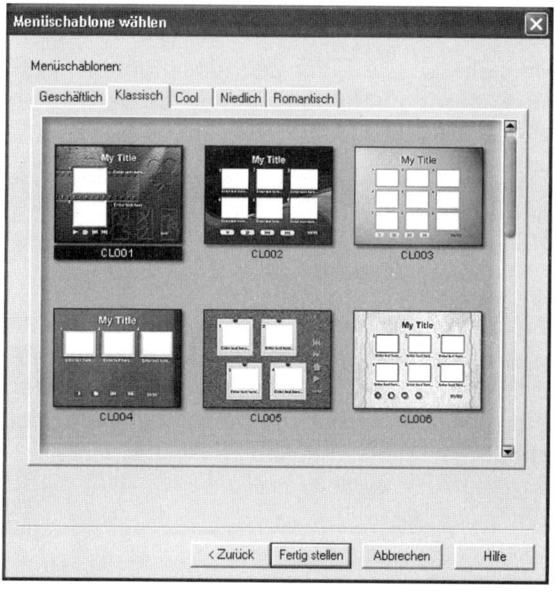

Abb. 3.3: Vorlagen im Menü-Assistenten

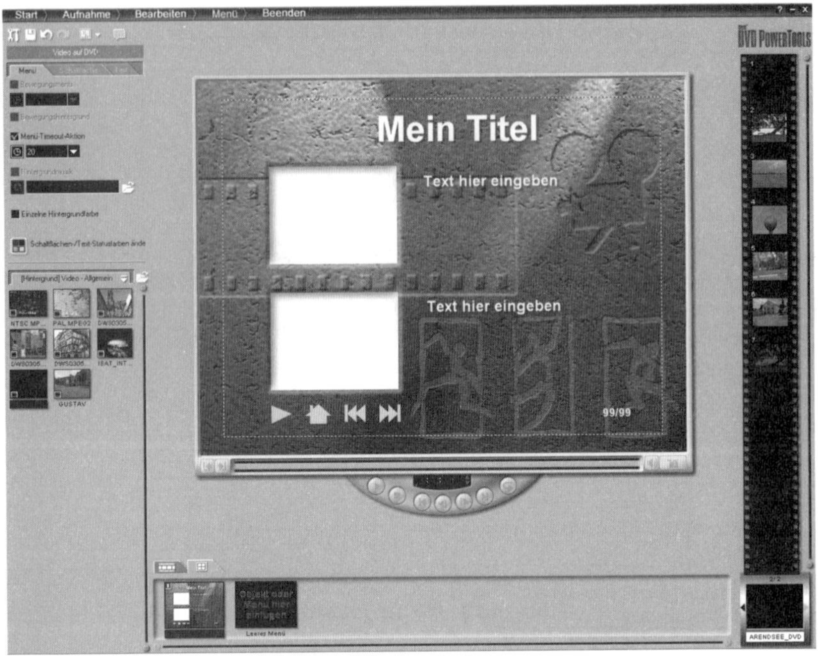

Abb. 3.4: Gesamtansicht *Menü* nach dem Menü Assistenten

Im Mittelpunkt steht, wie zu jeder Zeit, der Monitor. Da Sie sich jetzt aber im Menü-Authoring befinden, sind die Steuerelemente des Monitors inaktiv.

⇨ Auch die Werkzeugleiste passt sich dem Menü-Authoring an. Über die Einstellungen in der Werkzeugleiste können die Eigenschaften der Elemente im Monitor verändert werden (siehe Abbildung 3.5).

⇨ Wählen Sie nun in der Titelanzeige der Kapitelliste Ihren ersten zu platzierenden Titel (Clip) aus. Klicken Sie dazu auf die schwarzen Dreiecke links bzw. rechts neben der Vorschau. Der jeweils im Vorschaufenster befindliche Titel wird dabei in der Kapitelliste als Thumbnail dargestellt (siehe Abbildung 3.6).

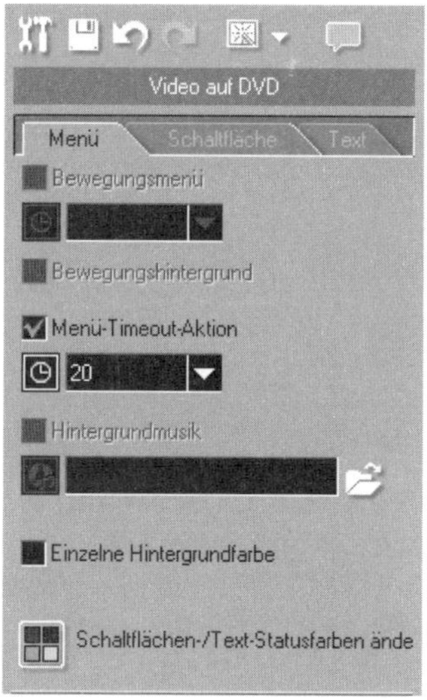

Abb. 3.5: Werkzeugleiste im Menü *Menü*

Abb. 3.6: Titelwahl unterhalb der Kapitelliste

⇨ Ziehen Sie nun den in der Kapitelliste aufgeführten Titel per Drag&Drop in einen freien Bereich (Button) Ihres zuvor erstellten Menüs (siehe Abbildung 3.7).

TIPP

Drag&Drop = Anklicken eines Elements mit der linken Maustaste. Die Maustaste gedrückt halten und die Maus danach an den Ort bewegen, wo das Element platziert werden soll.

Abb. 3.7: Titel auf der Montagefläche per Drag&Drop ablegen

Verfahren Sie für einen weiteren Titel wie in den Punkten zuvor beschrieben (Titelframes ändern und Menügestaltung im Verlauf dieser Beschreibung).

Der Button inklusive Titel wird durch einen Rahmen markiert, was bedeutet, dass Sie jetzt einige Einstellungen für diesen Button vornehmen können.

Menüs und Buttons einrichten

Haben Sie Ihre Titel im Menü platziert, können Sie das Menü sowie die Buttons und den Text Ihren Vorstellungen anpassen.

Menü anpassen

⇨ Stellen Sie sicher, dass in Ihrer Menüleiste der Menüeintrag *Menü* aktiviert ist.

⇨ Klicken Sie in der Werkzeugleiste auf das Register *Menü*.

Abb. 3.8: Register *Menü* in der Werkzeugleiste

TIPP

Zuerst sollten Sie festlegen, ob Ihr Menü ein *Bewegungsmenü* sein soll. Das heißt, die platzierten Titel im Menü werden bewegt dargestellt. Die Bewegung wird dabei zeitlich festgelegt und wiederholt sich nach Ablauf der Zeit.

In unserem Beispiel legen wir ein Bewegungsmenü (Motion-Menü) an.

⇨ Aktivieren Sie die Checkbox *Bewegungsmenü*.

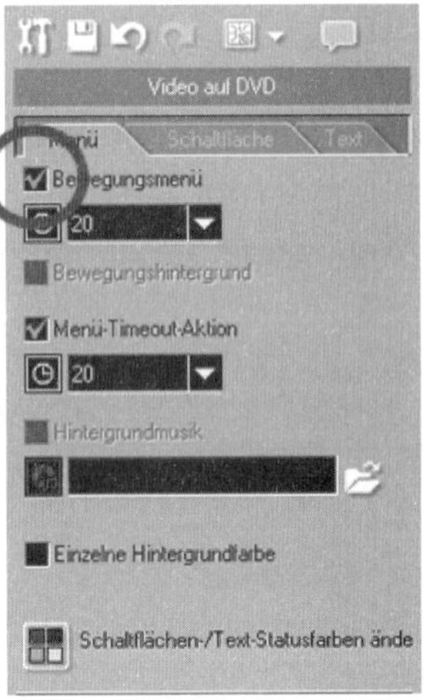

Abb. 3.9: Aktive Checkbox für ein Bewegungsmenü

TIPP

Die Checkbox *Bewegungshintergrund* kann nur aktiviert werden, wenn ein animierter Hintergrund vorhanden ist (z.B. ein Video oder eine animierte Komposition).

Damit haben Sie festgelegt, dass der Titel im Menü für 20 Sekunden bewegt dargestellt wird.

TIPP

Je länger Sie die Bewegung im Menü aktivieren möchten, desto mehr Speicherplatz wird auf der Festplatte benötigt, da diese Bewegung gerendert werden muss.

⇨ Deaktivieren Sie die Checkbox *Menü-Timeout-Aktion*. Damit verhindern Sie, dass der momentan angewählte Clip automatisch nach der eingestellten Zeit abgespielt wird.

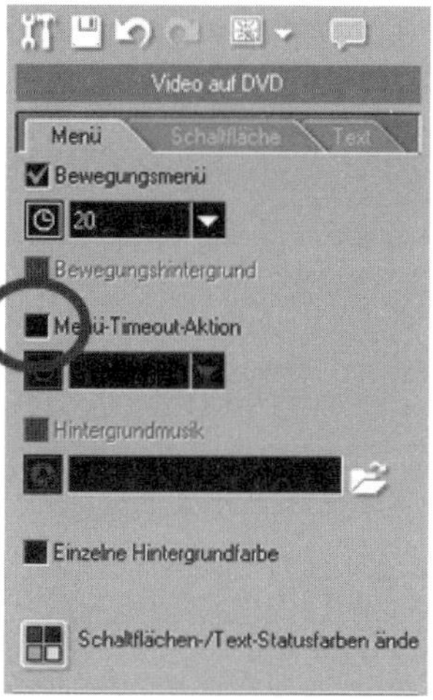

Abb. 3.10: Checkbox für die *Menü-Timeout-Aktion*

Möchten Sie, dass der momentan markierte Titel im Menü automatisch abgespielt wird, so aktivieren Sie diese Checkbox und stellen die von Ihnen gewünschte Zeit ein.

⇨ Um eine Hintergrundmusik für dieses Menü einzustellen klicken Sie bitte auf das Ordnersymbol in der Werkzeugleiste.

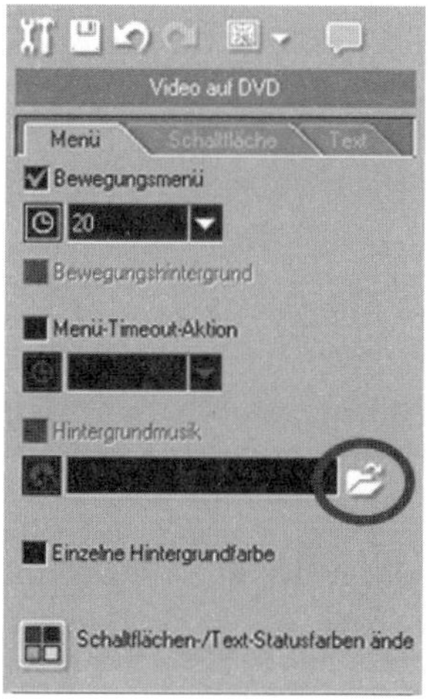

Abb. 3.11: Button zur Auswahl einer Hintergrundmusik

Es erscheint ein Fenster, in dem Sie Ihren gewünschten Audioclip auswählen und abspielen können.

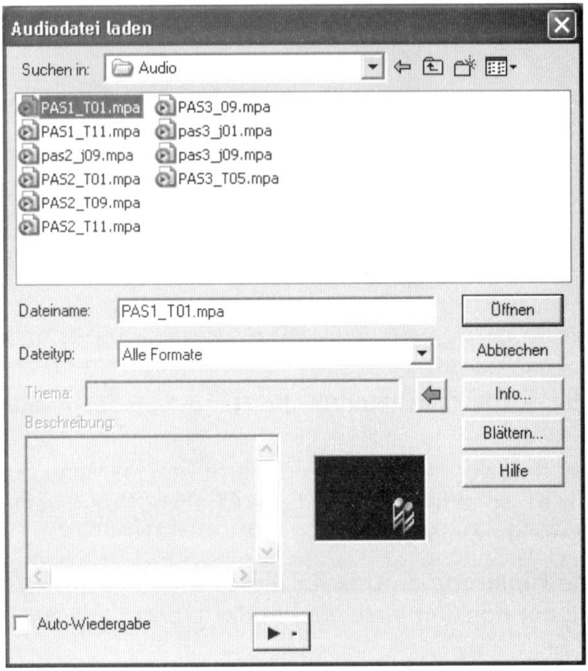

Abb. 3.12: Auswahlfenster für *Audiodatei laden*

TIPP

Wählen Sie nur ein kleines Stück (Jingle), da der Audiotrack entsprechend der Zeitvorgabe für das Bewegungsmenü angepasst wird. Das heißt, bei einer Zeitvorgabe von 20 Sekunden für das Bewegungsmenü bricht ein Audiotrack von 30 Sekunden nach 20 Sekunden ab und wird erneut abgespielt.

⇨ Übernehmen Sie den gewählten Jingle (Sound) durch Klick auf den Button *Öffnen*.

Das Fenster wird geschlossen, der gewählte Titel wird in das Listenfeld übernommen und die Checkbox *Hintergrundmusik* automatisch aktiviert.

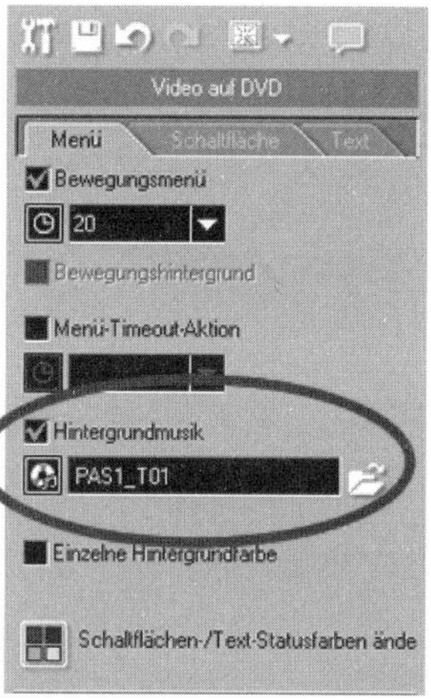

Abb. 3.13: Anzeige der ausgewählten Hintergrundmusik

Möchten Sie einen einfachen, farblichen Hintergrund für Ihr Menü wählen, so aktivieren Sie die Checkbox *Einzelne Hintergrundfarbe* und wählen aus dem Farbpicker Ihre gewünschte Farbe aus.

Abb. 3.14: Aktivierung eines einfachen, farbigen Hintergrunds

TIPP

Bei der Wahl dieser Option wird der zuvor erstellte Menühintergrund durch die von Ihnen gewählte Farbe ersetzt. Bei der Deaktivierung der Checkbox *Einzelne Hintergrundfarbe* wird der ursprüngliche Menühintergrund wiederhergestellt.

Schaltfläche einstellen

⇨ Klicken Sie zuerst im Monitor auf den zu modifizierenden Titel (Aktivierung wird durch einen Rahmen angezeigt) und klicken Sie danach in der Werkzeugleiste auf das Register *Schaltfläche*.

Abb. 3.15: Titel als Schaltfläche erstellen

Unter diesem Register wird Ihnen nochmals angezeigt, welcher Clip abgespielt wird, wenn dieser per Mausklick (PC) oder per Fernbedienung (DVD-Player) angeklickt wird. Da es sich bei dem zuvor markierten Element um einen Button handelt, muss dieser auch mit einem Link versehen werden.

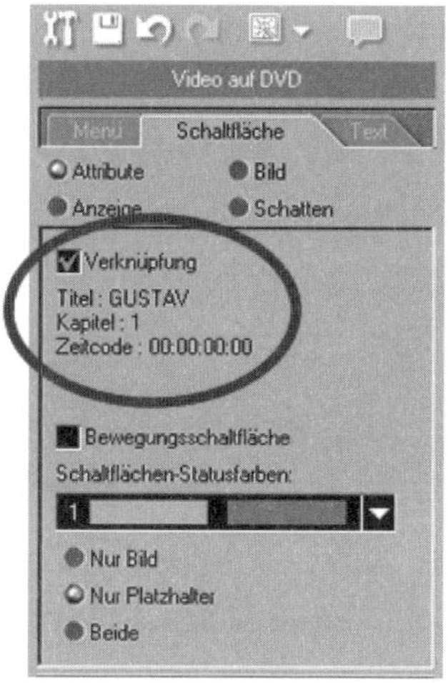

Abb. 3.16: Verknüpfungsanzeige zum gewählten Titel

TIPP

Link = Herstellen einer Verbindung von einem Auslöser (Button) und einem Objekt (Videoclip etc.).

⇨ Um später zu wissen, welcher Titel angewählt ist, kann eine Markierung optisch unterstützt werden. Aktivieren Sie dazu die Checkbox *Bewegungsschaltfläche* und wählen Sie aus der Farbtabelle ein Schema, wie die Markierung erscheinen soll (siehe Abbildung 3.17).

Unterhalb der Farbtabelle legen Sie fest, ob

⇨ 1. nur der Rahmen (Frame) (vgl. Abbildung, da: Bild)

⇨ 2. nur der Titel (vgl. Abbildung, da: Platzhalter)

⇨ 3. beides markiert werden soll (siehe Abbildung 3.18).

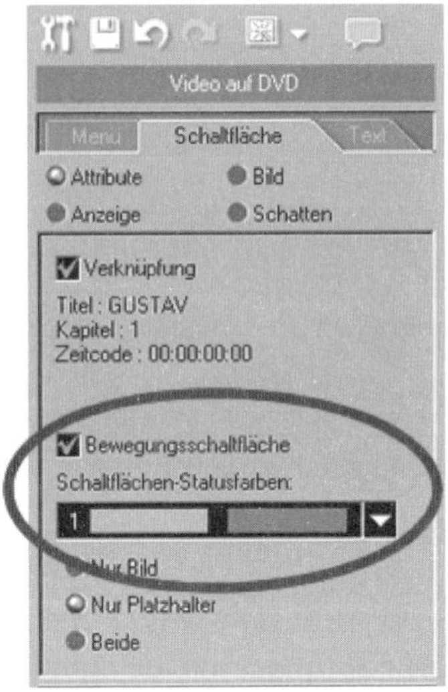

Abb. 3.17: Schaltfläche als Bewegungsschaltfläche definieren

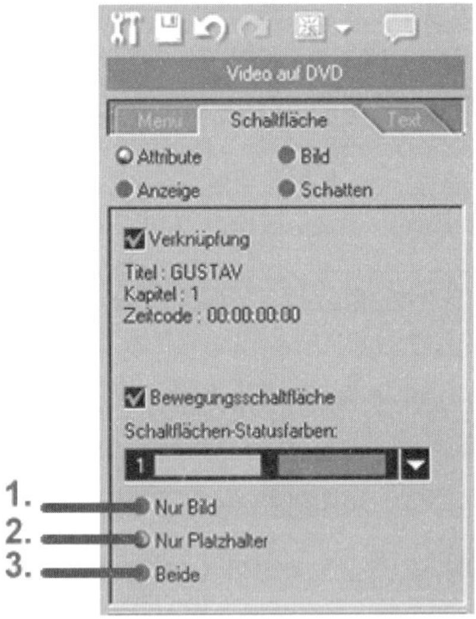

Abb. 3.18: Markierungsmodi für die Schaltfläche festlegen

⇨ Klicken Sie nun im Register *Schaltfläche* auf den Punkt *Anzeige*. Über dieses Menü können Sie Ihren Titel nochmals optisch über die Einstellungen für *Helligkeit, Kontrast* und *Transparenz* einstellen. Probieren Sie die einzelnen Möglichkeiten aus, um zu sehen, was geschieht. Grundeinstellungen: *Helligkeit=50; Contrast=50; Transparenz=0.*

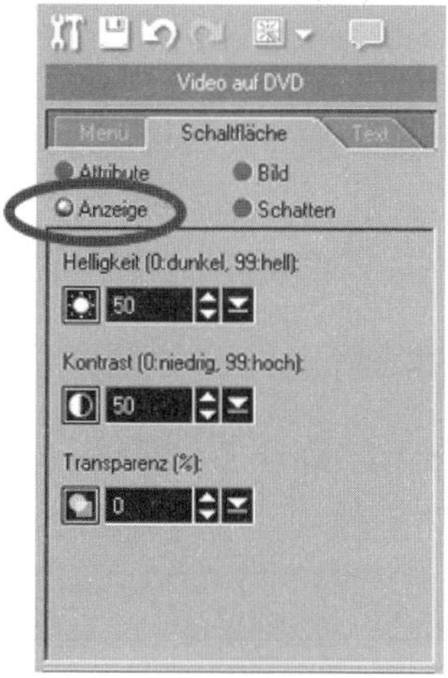

Abb. 3.19: Anwahl der Anzeigeeigenschaften im Register *Schaltfläche*

⇨ Klicken Sie nun auf den Punkt *Bild* (siehe Abbildung 3.20).

⇨ Hier können Sie einen Frame (Rahmen) für Ihren Titel auswählen.

⇨ Ziehen Sie bitte den ersten Frame per Drag&Drop auf Ihren Titel im Monitor, wobei der zuvor gesetzte Frame durch den neuen Frame ersetzt wird (siehe Abbildung 3.21).

⇨ Auf diese Weise können Sie einem Titel einen speziellen Frame (Rahmen) zuordnen. Möchten Sie den zuvor gesetzten Frame wiederherstellen, so klicken Sie einfach in der Werkzeugleiste auf den Button *Rückgängig* (siehe Abbildung 3.22).

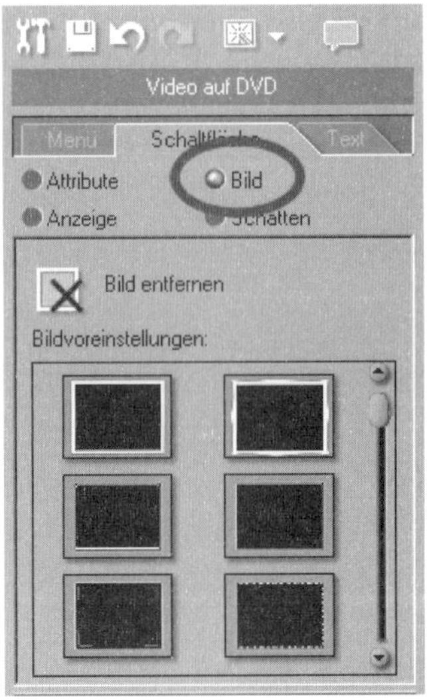

Abb. 3.20: Anwahl des Punktes *Bild*

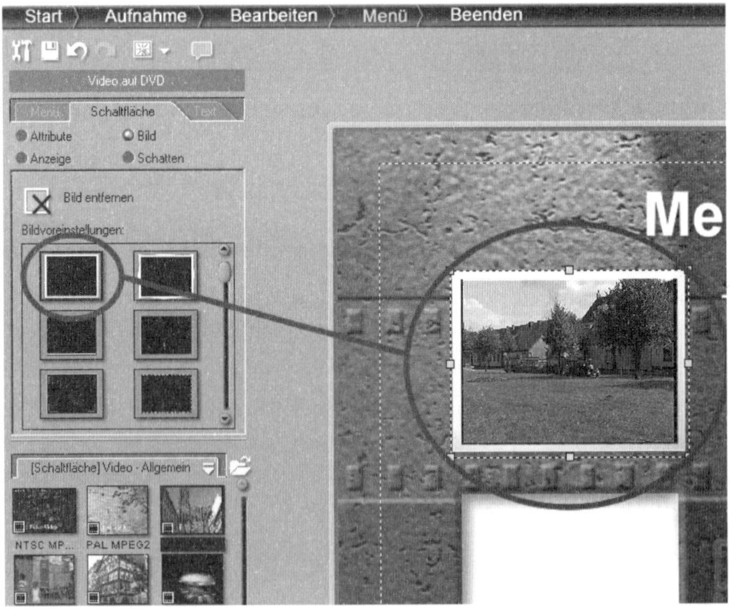

Abb. 3.21: Rahmen auf einen Titel anwenden

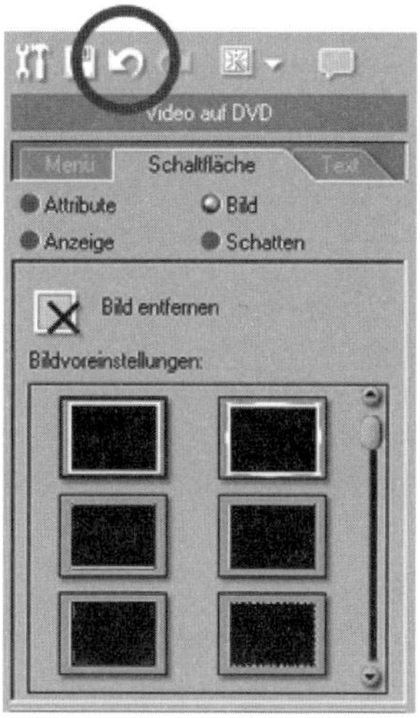

Abb. 3.22: Der Button *Rückgängig* in der Werkzeugleiste

⇨ Die Anzahl der Schritte, um eine Aktion rückgängig zu machen, stellen Sie in den Voreinstellungen ein. Klicken Sie dazu in der Werkzeugleiste auf das Werkzeugsymbol und im darauf erscheinenden Menü auf *Voreinstellungen*. Sie können aber auch die Taste [F6] auf Ihrer Tastatur drücken.

Abb. 3.23: Button für das Einstellungsmenü

⇨ Im darauf erscheinenden Fenster stellen Sie die Anzahl der Schritte ein und übernehmen Ihre Einstellungen mit *OK*.

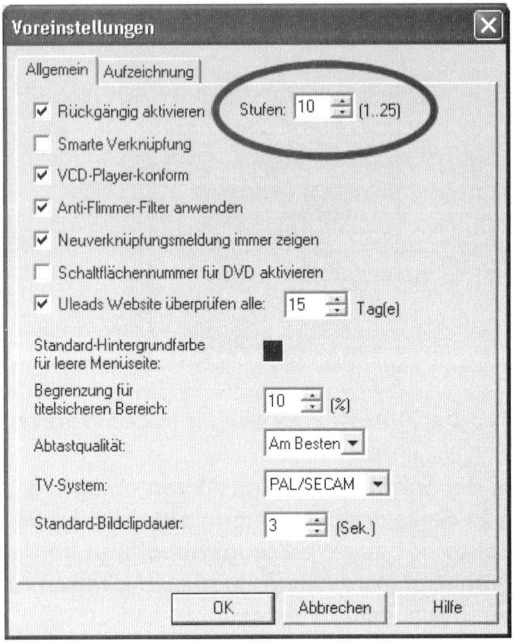

Abb. 3.24: Einstellen der Schritte für die Aktion *Rückgängig*

⇨ Möchten Sie keinen Frame (Rahmen) für Ihren Titel verwenden, so klicken Sie einfach auf den Button *Bild entfernen* (siehe Abbildung 3.25).

⇨ Klicken Sie jetzt im Register *Schaltfläche* auf den Punkt *Schatten*. In diesem Menü können Sie festlegen, ob Ihr Frame mit einem Schatten hinterlegt werden soll (siehe Abbildung 3.26).

⇨ Aktivieren Sie die Checkbox *Schatten hinzufügen/entfernen*, womit der markierte Frame mit einem Schatten hinterlegt wird (siehe Abbildung 3.27).

⇨ Klicken Sie nun mit der linken Maustaste in die grüne Markierung im Monitor und halten Sie die linke Maustaste gedrückt (siehe Abbildung 3.28).

Abb. 3.25: Button zum Entfernen eines Rahmens

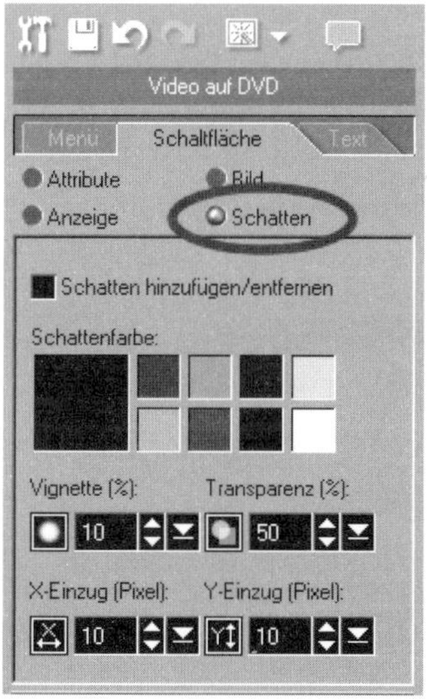

Abb. 3.26: *Schatten-Menü* für eine Schaltfläche

Abb. 3.27: Frame wird mit einem Schatten hinterlegt

Abb. 3.28: Schattencursor

⇨ Ziehen Sie nun diese Markierung bei gedrückter linker Maustaste vorsichtig nach links.

⇨ Sie werden feststellen, dass sich der Schatten in dieselbe Richtung bewegt. So können Sie den Schatten für einen Frame platzieren.

⇨ Haben Sie den Schatten nach Ihren Wünschen ausgerichtet, so lassen Sie einfach die Maustaste los.

Abb. 3.29: Neu platzierter Schatten

⇨ Um dem Schatten eine andere Farbe zu geben, brauchen Sie nur noch aus den zur Verfügung stehenden Farben eine auszuwählen. Das Ergebnis wird sofort sichtbar (siehe Abbildung 3.30).

⇨ Diverse Feineinstellungen, wie Glätten (soft edge), Transparenz, X-Achse und Y-Achse, können über die Listenfelder vorgenommen werden (siehe Abbildung 3.31).

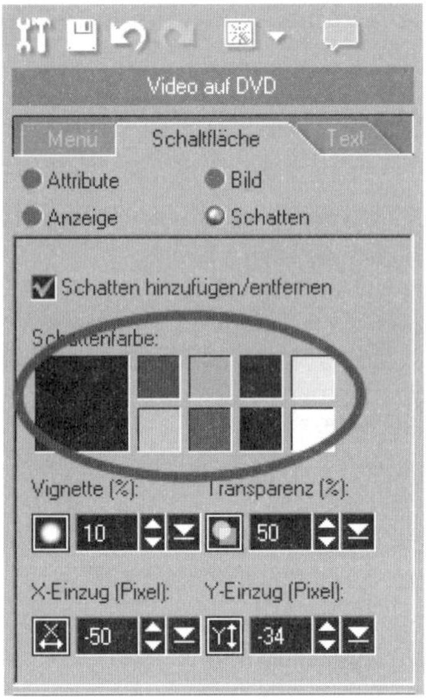

Abb. 3.30: Einstellung der Schattenfarbe

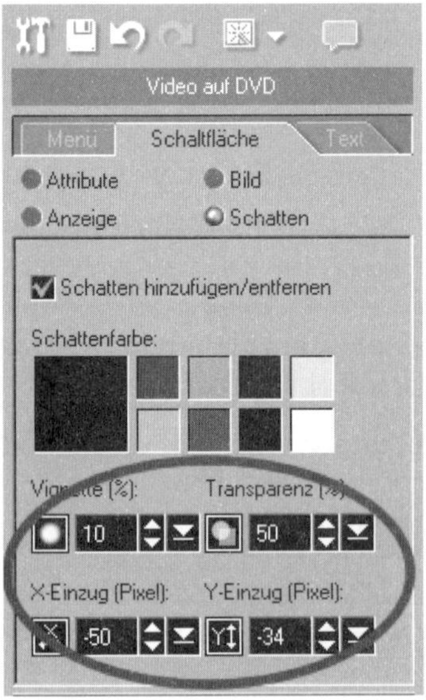

Abb. 3.31: Weitere Einstellungen für Schatten

Text einstellen

So, wie Sie die Buttons (Frames) einstellen und modifizieren können, können Sie auch die Schrift oder Textpassagen ändern und anpassen.

⇨ Klicken Sie auf den Text *Mein Titel* im Monitor. Der Text wird durch einen Rahmen markiert und das Register in der Werkzeugleiste wechselt automatisch auf das Register *Text*.

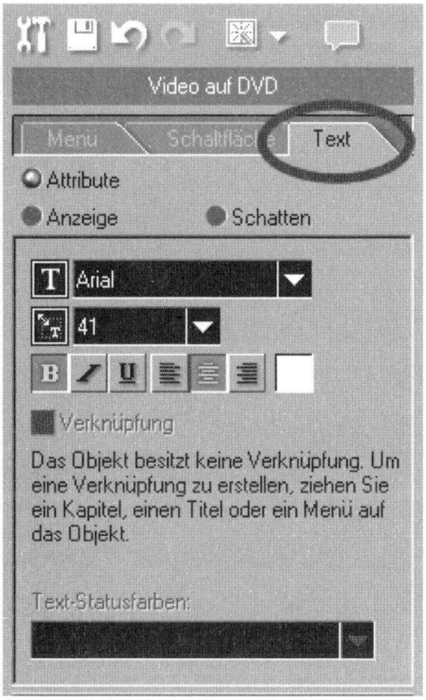

Abb. 3.32: Text einstellen

TIPP

Sobald Sie im Monitor ein Element anklicken, wechselt auch in der Werkzeugleiste das entsprechende Menü. Wichtig! Vergessen Sie nicht Ihr Projekt zu sichern!

Das Prinzip der Textgestaltung ist identisch mit der Gestaltung von Buttons.

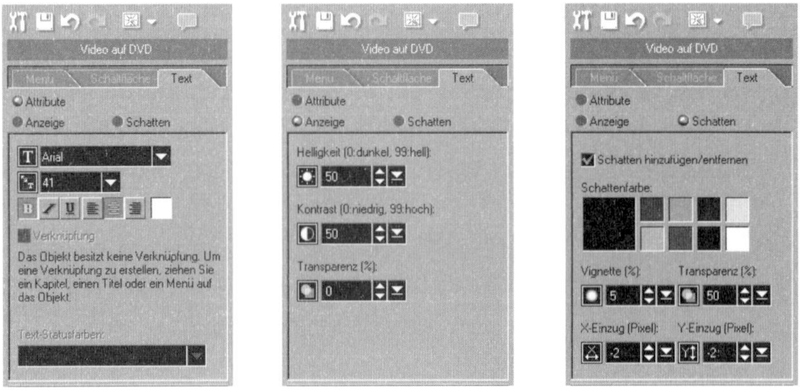

Abb. 3.33: Menüs im Register *Text* für Texteinstellungen

⇨ Um einen Text zu ändern (z.B. korrigieren), klicken Sie einfach per Doppelklick auf den Text. Es wird ein blinkender Cursor an diese Stelle gesetzt und Sie können den Text oder das Wort wie in einer Textverarbeitung editieren.

Abb. 3.34: Gesetzter Cursor im Text

⇨ Nach Abschluss der Änderung klicken Sie einfach in einen freien Bereich des Monitors und der Text wird wieder durch einen Rahmen markiert.

⇨ Nach Abschluss unserer Änderungen stellt sich der Monitor folgendermaßen dar.

Abb. 3.35: DVD-Menü nach Abschluss unserer Einstellungen

Projekt testen

Nachdem Sie alle vorhergehenden Schritte durchgeführt haben, ist es an der Zeit, das Ergebnis Ihrer bisherigen Arbeit einzusehen. Nein, es sind bei weitem noch längst nicht alle Möglichkeiten ausgeschöpft, die das Programm Ulead DVD Power Tools bietet. Diese Feinheiten erklären wir im weiteren Verlauf dieses Buches.

⇨ Klicken Sie in der Menüleiste auf den Menüeintrag *Beenden*.

Abb. 3.36: Menü *Beenden* in der Menüleiste

⇨ Die Arbeitsoberfläche wird geleert und im Vordergrund steht wieder der Monitor.

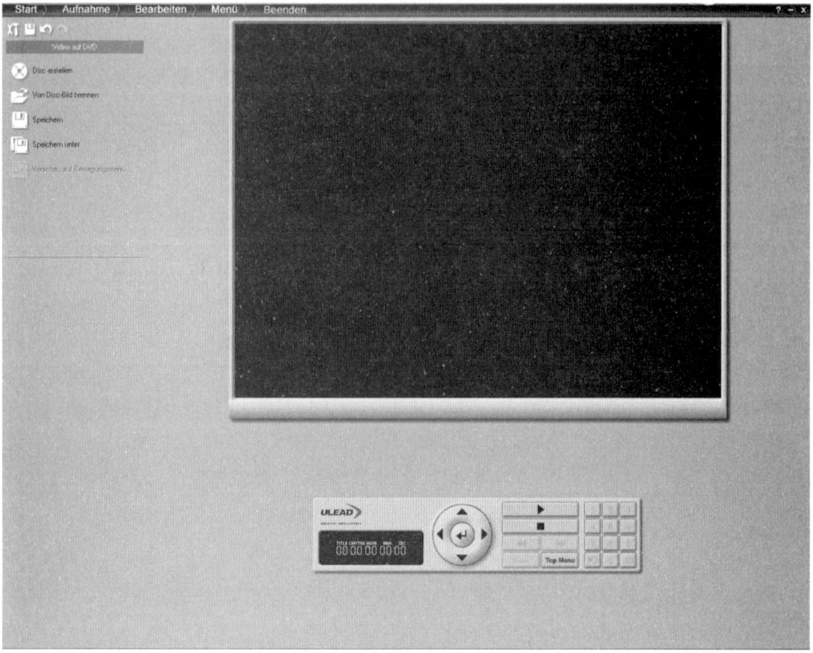

Abb. 3.37: Gesamtansicht im Menü *Beenden*

Weiterhin sehen Sie ein Fernsteuerung unterhalb des Monitors, die Sie für die Vorschau benötigen.

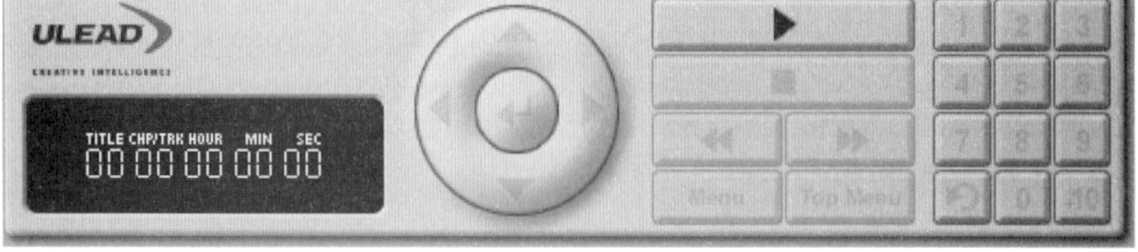

Abb. 3.38: Fernsteuerung im Menü *Beenden*

Damit Sie Fehler nach dem Brennen einer DVD ausschließen können, empfehlen wir auf jeden Fall, das endgültige Projekt oder in der Zwischenphase des Projekts eine Prüfung anhand der Vorschau durchzuführen. So können Sie noch vor dem Brennen Fehler erkennen und korrigieren.

TIPP

In der Vorschau werden KEINE Bewegungsmenüs dargestellt. Der Grund hierfür liegt in der Tatsache, dass die Bewegungsmenüs noch nicht gerendert wurden. Ein Rendering der Bewegungsmenüs erfolgt erst beim Erstellen eines DVD-Images oder einer DVD.

⇨ Klicken Sie nun einfach mit der Maus auf den Button *Wiedergabe* der Fernsteuerung. Dieser Klick ist identisch mit der Reaktion der DVD nach dem Einlegen in ein DVD-ROM-Laufwerk oder einen DVD-Player.

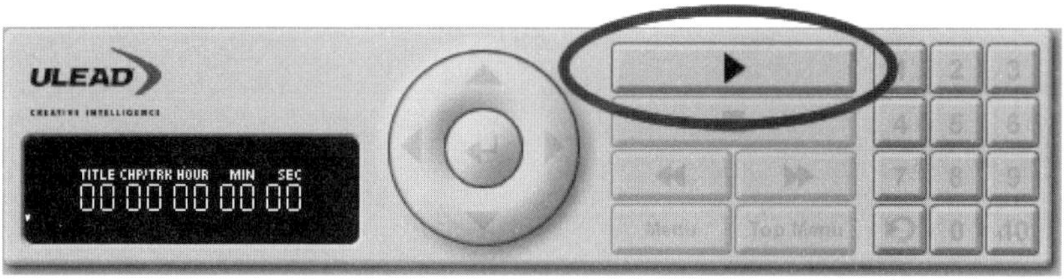

Abb. 3.39: Play-Button der Fernsteuerung

Als Erstes sollte derjenige Clip abgespielt werden, welchen Sie im Thumbnail *Erstwiedergabe* abgelegt haben (In unserem Beispiel: *ISAT_Intro.mpg,* siehe Abbildung 3.40).

Nachdem dieser Clip abgespielt wurde, stellt sich der Monitor wie in der folgenden Abbildung dar. Bewegen Sie nun die Maus über die Buttons im Monitor (ohne Klick), um den zuvor eingestellten Effekt der Markierung einzusehen. Um einen Titel abzuspielen klicken Sie einfach auf diesen (siehe Abbildung 3.41 auf der übernächsten Seite).

Abb. 3.40: Abspielen der Erstwiedergabe

Im Prinzip ist diese Vorschau identisch mit dem Abspielen der späteren DVD. Auch wird Ihnen aufgefallen sein, dass die zuvor erstellten und in der Kapitelliste abgelegten Kapitel nicht anwählbar sind. Der Grund hierfür liegt ebenfalls in der Tatsache, dass sämtliche erstellten Kapitel eines Titels erst nach der DVD-Erstellung aktiv sind.

TIPP

Wir empfehlen Ihnen für das erste Projekt eine »rewriteable« DVD zu benutzen! Diese DVD kann mehrmals bespielt werden und eignet sich besonders zu Testzwecken. Da ein DVD-Rohling nicht gerade günstig ist, sollten Sie zumindest für Ihr erstes Projekt eine wiederbeschreibbare DVD verwenden.

Abb. 3.41: DVD-Menü mit Schaltflächen und Hintergrundmusik

Im Prinzip haben Sie bis zu diesem Punkt ein vollwertiges DVD-Projekt erstellt, welches auf DVD gebrannt und auf einem DVD-ROM-Laufwerk bzw. einem DVD-Player abgespielt werden kann.

Ulead DVD PowerTools kann aber noch mehr! Geben Sie Schriften ein anderes Aussehen, verwenden Sie Standbilder als Hintergrund und verlinken Sie Menüs und Buttons! Wie das funktioniert, erfahren Sie in den folgenden Abschnitten dieses Kapitels.

Bestehendes Projekt öffnen

Wie bereits erwähnt, so sollten Sie Ihr Projekt von Zeit zu Zeit abspeichern. Gerade bei großen und mit viel Aufwand erstellten Projekten ist es ärgerlich, wenn durch einen Systemabsturz o.Ä. Daten oder Einstellungen verloren gehen. Also, öfter mal speichern!

Haben Sie Ulead DVD PowerTools einmal beendet und möchten ein Projekt weiter bearbeiten, so öffnen Sie das Programm Ulead DVD PowerTools aus der Programmgruppe oder über die Verknüpfung Ihres Desktops.

Die Arbeitsoberfläche stellt sich danach wie in der folgenden Abbildung dar.

Abb. 3.42: Gesamtansicht nach Neustart des Programms

⇨ Um ein bestehendes Projekt zu öffnen klicken Sie einfach auf den entsprechenden Projektnamen unter *Letzte Projekte*:. Das entsprechende Projekt wird geöffnet und Sie werden automatisch in das letzte von Ihnen verwendete Projekt geführt, in welchem Sie Ihre Schlussspeicherung vorgenommen haben.

Abb. 3.43: Auflistung aller gespeicherten Projekte

⇨ Das momentan verwendete und zu bearbeitende Projekt wird unterhalb der Buttonleiste in der Werkzeugleiste namentlich angezeigt. Falls Sie sich nicht im Menü *Bearbeiten* befinden, so wechseln Sie bitte in dieses. Dieses Menü ist das Ausgangsmenü für die Erstellung eines Standbildes, welches als Hintergrund und Button fungieren soll.

Standbild als Hintergrund

⇨ Klicken Sie (falls noch nicht angewählt) in der Menüleiste auf den Menüeintrag *Bearbeiten*.

Abb. 3.44: Menü *Bearbeiten* in der Menüleiste

⇨ Klicken Sie in der Titelliste doppelt auf jenen Titel, aus welchem das Standbild erzeugt werden soll (Beispiel: *Arendsee_DVD.mpg*).

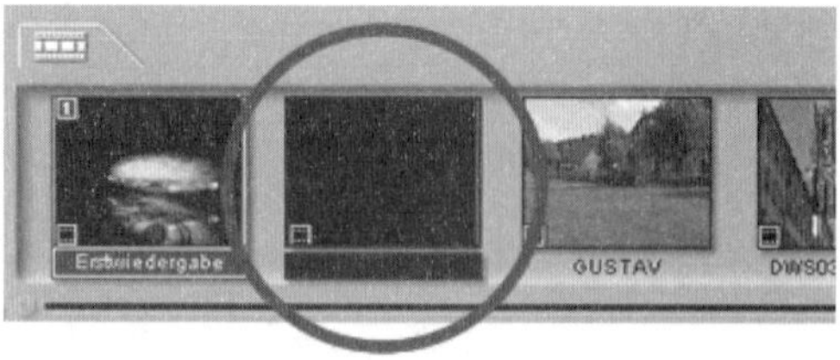

Abb. 3.45: Thumbnail in der Titelliste mit Clip anwählen

⇨ Bewegen Sie nun den Schieberegler des Monitors an die Stelle, an der das gewünschte Bild erscheint (Beispiel: 00:00:48:00).

Abb. 3.46: Bildauswahl für Standbild im Monitor

⇨ Klicken Sie danach in der Werkzeugleiste auf den Button *Aktuelles Bild dem Archiv hinzufügen*.

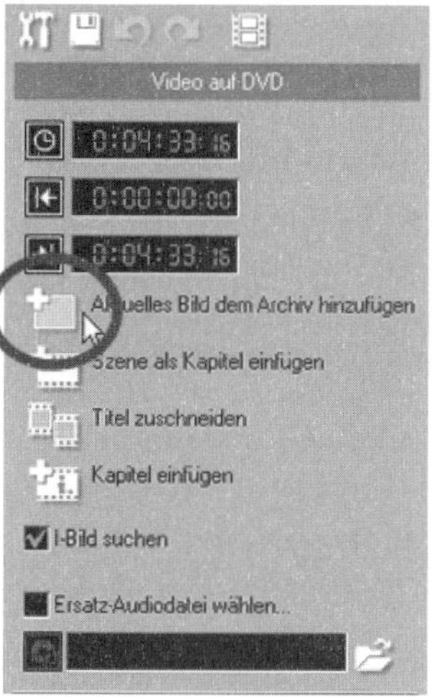

Abb. 3.47: Aktuelles Bild dem Archiv hinzufügen

⇨ Automatisch wird die Bildergalerie unterhalb der Werkzeugleiste eingeblendet und der entsprechende Frame markiert und angezeigt.

Abb. 3.48: Eingefügtes Bild in der Bilderbibliothek

In diesem Zusammenhang möchten wir kurz auf die Bibliothek einge-hen. Wie im Vorfeld erwähnt, so befindet sich die Bibliothek unterhalb der Werkzeugleiste. (Wir haben sie bis hierher noch nicht erwähnt, weil sie für die vorherigen Kapitel noch nicht von Bedeutung war.) In ihr werden alle Elemente angezeigt, die für das DVD-Authoring zur Verfügung stehen. Hier finden Sie Videoclips, Buttons, Menühintergründe, Schriftstile, Bilder und Sounds. Alle diese Elemente können per Drag&Drop in das Projekt eingefügt werden.

⇨ Klicken Sie in der Menüleiste auf den Menüeintrag *Menü*.

Abb. 3.49: Eintrag *Menü* in der Menüleiste

⇨ Klicken Sie in der Bibliothek auf den Auswahlbutton und im darauf folgenden Menü auf den Eintrag *Bild - Allgemein*.

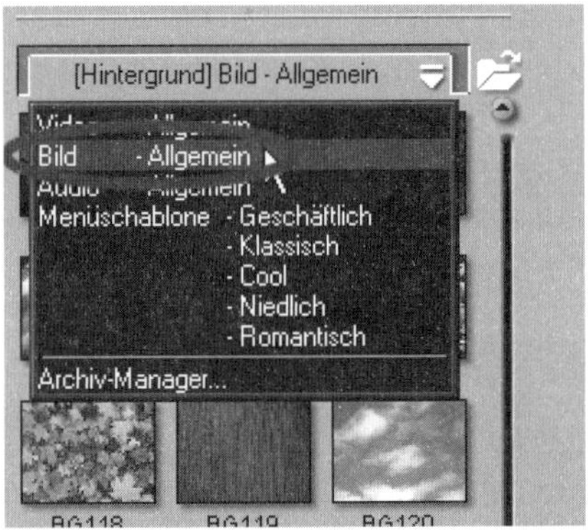

Abb. 3.50: Auswahlmenü der Bibliothek

⇨ Suchen Sie nun in der Liste das zuvor erstellte Standbild und ziehen Sie dieses per Drag&Drop in den Monitor. Das Ergebnis sollte wie in der Abbildung 3.51 aussehen.

⇨ Fertig! Damit haben Sie ein Standbild aus einem Videoclip als Menühintergrund festgelegt. Um einen anderen Hintergrund zu bestimmen, wählen Sie diesen einfach aus der Bibliothek und ziehen ihn per Drag&Drop in den Monitor.

Abb. 3.51: Standbild als Menühintergrund eingefügt

Um ein vordefiniertes Menü wiederherzustellen, gehen Sie folgendermaßen vor.

⇨ Klicken Sie in der Werkzeugleiste auf den Button *Neues Menü erstellen* (siehe Abbildung 3.52).

⇨ Es erscheint der Menü-Assistent, über welchen Sie Ihr gewünschtes Menü auswählen können.

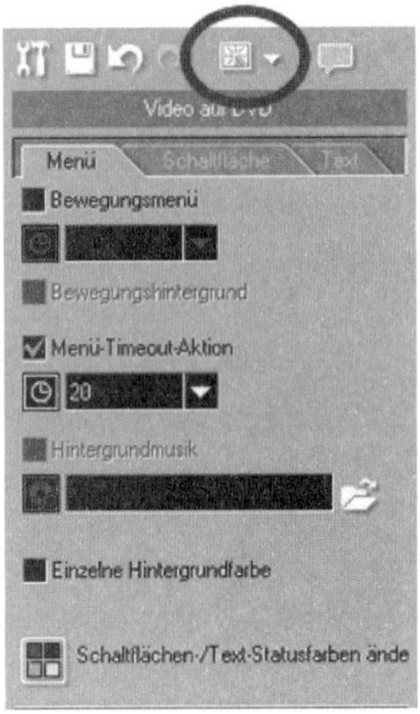

Abb. 3.52: Button für den Menü-Assistenten

TIPP

Ein Menühintergrund, welcher mit dem Menü-Assistenten erstellt wurde, kann auch nur mit dem Assistenten wiederhergestellt werden. Sie können einen solchen Hintergrund nicht aus der Bibliothek in den Monitor ziehen. Achtung! Haben Sie bereits ein individuelles Menü erstellt und möchten ein neues Menü mit dem Menü-Assistenten erstellen, so wird das neu erstellte Menü der Menüliste hinzugefügt. Das heißt, Sie müssen im Anschluss Ihre Texte, Buttons, Frames etc. für dieses Menü neu erstellen. Das so erstellte Menü wird der Menüliste hinzugefügt und als Untermenü behandelt. Ohne Verlinkung ist nur das erste in der Liste angezeigte Menü aktiv. Möchten Sie nur mit einem Menü arbeiten, so sollten Sie die restlichen Menüs löschen. (Löschen = Anklicken und die Taste Entf auf der Tastatur drücken.)

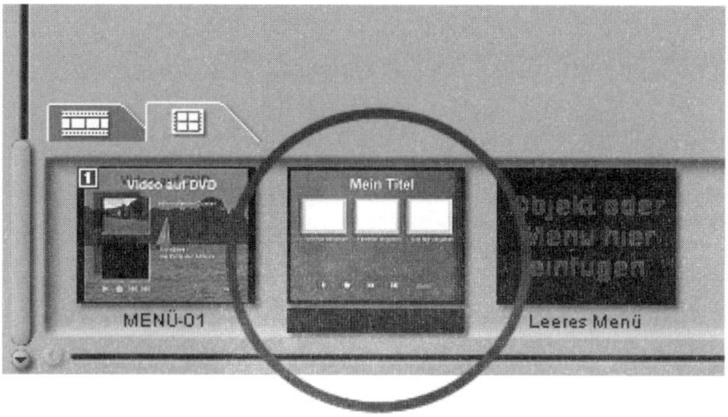

Abb. 3.53: Erzeugtes Untermenü durch den Assistenten

Untermenüs erstellen

Untermenüs sind eine feine Sache. Durch sie wird die DVD übersichtlicher und sie verleiten zum »Spielen«. Untermenüs sind zuerst verborgen und können durch Klick auf ein verlinktes Element aufgerufen werden.

Im Folgenden möchten wir für den Clip *Arendsee_DVD.mpg* ein Untermenü erstellen, aus welchem die zuvor erstellten Kapitel direkt anwählbar sind. Zudem erlernen Sie, wie Sie ein Menü ohne Menü-Assistenten erstellen.

Unser Projekt stellt sich in der Ausgangsphase wie in Abbildung 3.54 gezeigt dar.

⇨ Als Erstes muss ein neues Menü in der Menüliste angelegt werden. Öffnen Sie dazu in der Bibliothek die Rubrik *Bild - Allgemein* (siehe Abbildug 3.55).

⇨ Wählen Sie ein passendes Hintergrundbild oder Ihr zuvor erstelltes Standbild aus der Bibliothek aus und ziehen Sie es per Drag&Drop in das zweite Thumbnail der Menüliste (siehe Abbildung 3.56).

Abb. 3.54: Gesamtansicht vor der Erstellung eines Untermenüs

Abb. 3.55: Auswahlmenü in der Bibliothek

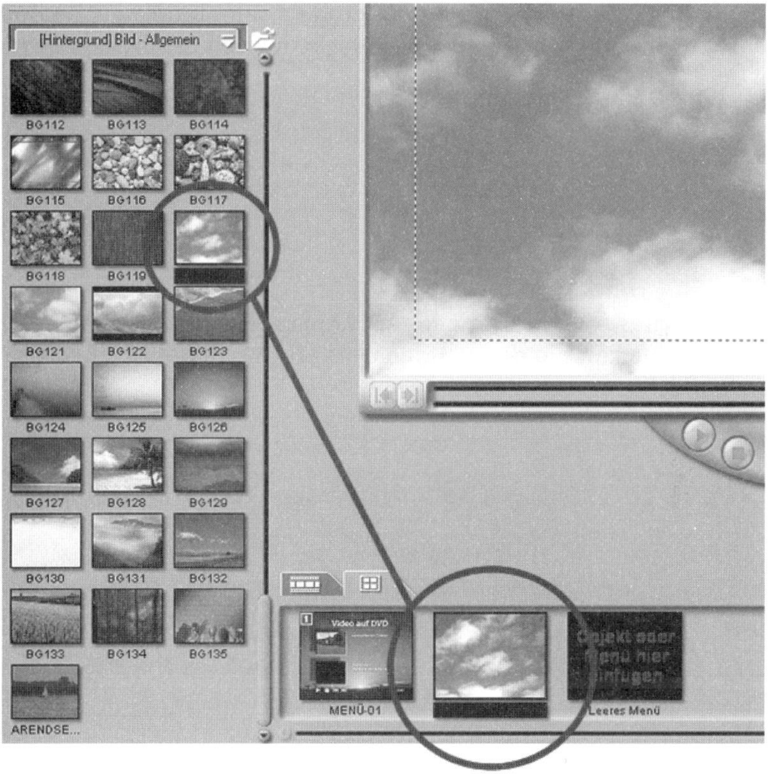

Abb. 3.56: Bildvorlage auf Platzhalter für Untermenü ziehen

Das so von Ihnen gewählte Bild wird abgelegt und im Monitor angezeigt. Damit haben Sie ein zweites Menü erstellt, welches als Untermenü fungiert.

TIPP

Sie können Bilder bzw. Hintergründe beliebig oft im gleichen Thumbnail ablegen. Das zuvor platzierte Bild bzw. der Hintergrund wird dann durch das neue Bild bzw. den neuen Hintergrund ersetzt.

⇨ Um in der Bearbeitung die Menüs zu wechseln, brauchen Sie nur das gewünschte Menü in der Menüliste doppelt anzuklicken.

TIPP

Das jeweils an erster Stelle stehende Menü in der Menüliste wird als Top-Menü definiert! Alle nachfolgenden Menüs werden als Untermenüs behandelt und bleiben bis zur Aktivierung verborgen.

⇨ Als Nächstes soll ein Frame für ein Kapitel in das Menü eingefügt werden. Klicken Sie dazu in der Werkzeugleiste auf das Register *Schaltfläche*.

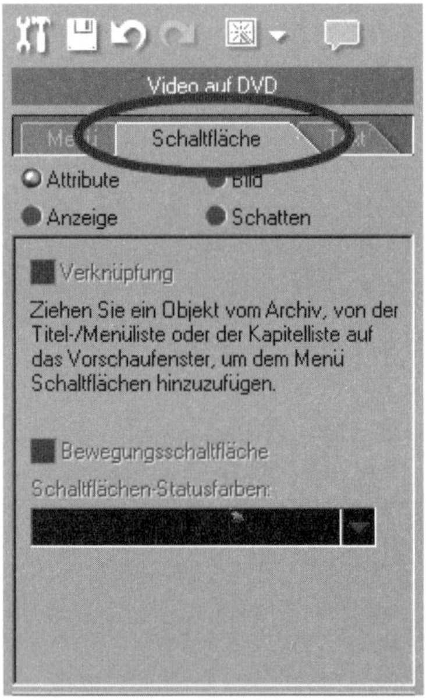

Abb. 3.57: Register *Schaltfläche* in der Werkzeugleiste

⇨ Wählen Sie nun in der Bibliothek die Rubrik *Rahmen - Allgemein* (siehe Abbildung 3.58).

⇨ Wählen Sie Ihren gewünschten Rahmen aus und ziehen Sie diesen per Drag&Drop in den Monitor (siehe Abbildung 3.59).

Abb. 3.58: Auswahlmenü in der Bibliothek

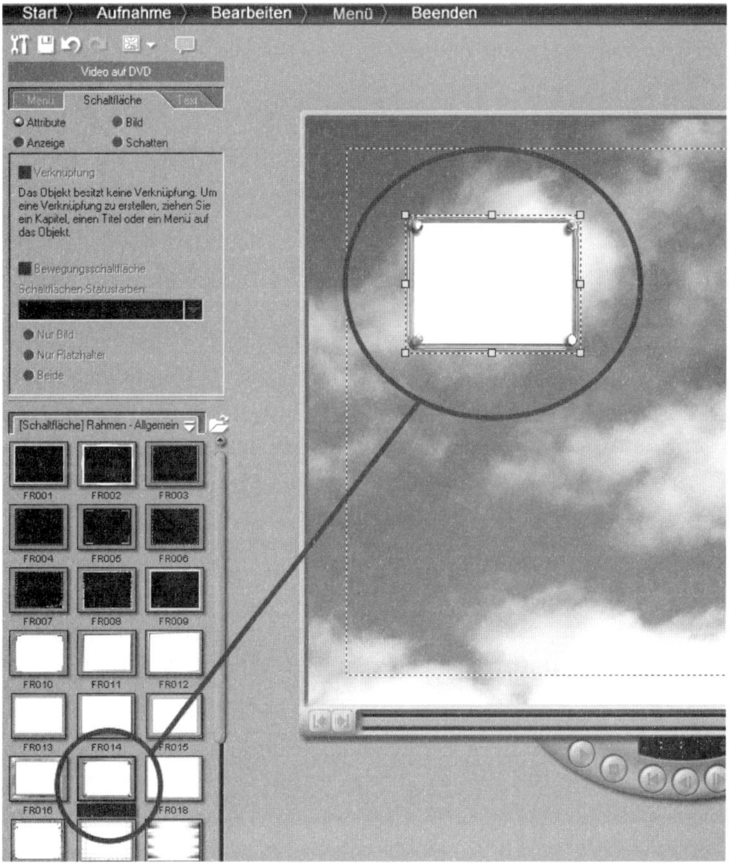

Abb. 3.59: Rahmen aus der Bibliothek in den Monitor ziehen

⇨ Wiederholen Sie diesen Schritt für jedes Kapitel, welches direkt über dieses Menü angewählt werden soll.

Abb. 3.60: Monitoransicht nach dem Setzen aller Rahmen

TIPP

Um die Größe eines Frames (Rahmens) zu ändern markieren Sie diesen, fassen einen der Eckpunkte mit der Maus an (Maustaste gedrückt halten) und ziehen die Maus so lange, bis die gewünschte Größe eingestellt ist.

TIPP

Haben Sie einen Frame (Rahmen) in der Größe geändert und möchten von dieser Größe mehrere Frames (Rahmen) erstellen, so markieren Sie den *Masterrahmen* und drücken auf Ihrer Tastatur die Tasten [Strg] + [C]. Klicken Sie dann in einen freien Bereich des Monitors und drücken danach die Tastenkombination [Strg] + [V]. Damit wird ein Frame in der gleichen Größe in den Monitor eingefügt. Jetzt brauchen Sie den neuen Frame nur neu zu positionieren -fertig! Möchten Sie einen erstellten Frame löschen, so klicken Sie diesen an und drücken auf Ihrer Tastatur die Taste [Entf].

⇨ Wählen Sie nun in der Titelanzeige jenen Titel, der in Kapitel aufgeteilt ist. Die Kapitel erscheinen in der Kapitelliste und können nun per Drag&Drop in die entsprechenden Frames abgelegt werden. Mit dem Ablegen eines Kapitels in einen Frame wird automatisch ein Link hergestellt. Damit fungiert jetzt dieser Frame in Verbindung mit dem Titel als »Button«! Und wie bereits im Vorfeld erwähnt, können Sie die Buttons Ihren Vorstellungen anpassen.

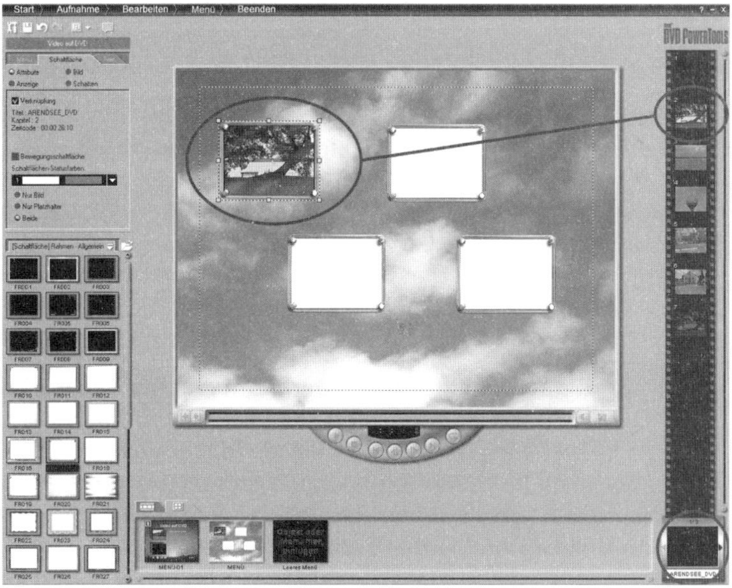

Abb. 3.61: Ablegen der Titel in die gesetzten Rahmen

⇨ Um Ihre neu erstellten Buttons einzurichten, brauchen Sie nur noch in der Werkzeugleiste die entsprechenden Modifikationen vornehmen.

Abb. 3.62: Bearbeiten der gewählten Schaltfläche im Register *Schaltfläche*

⇨ Als Nächstes muss das Untermenü mit dem *Menü-01* verlinkt werden! Klicken Sie dazu in der Titelleiste doppelt auf das *Menü-01*, bis dieses im Monitor erscheint.

⇨ Zuerst soll das Untermenü mit einem Text verlinkt werden. Dazu ziehen Sie das soeben erstellte Untermenü aus der Titelleiste per Drag&Drop auf den gewünschten Text. Ab jetzt fungiert der Text auch als Button. Das heißt, wenn dieser Text angeklickt wird, erscheint das erstellte Untermenü und die dort platzierten Clips können ebenfalls angewählt werden. Wechseln Sie einfach mal zur Vorschau und prüfen Sie die Eigenschaft!

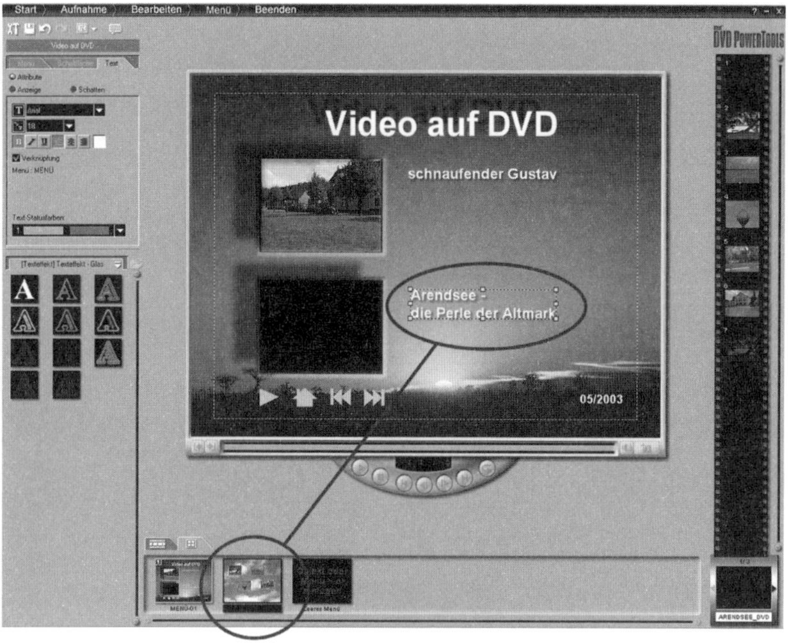

Abb. 3.63: Verlinken des Untermenüs mit einem Text im Hauptmenü

Auf diese Art und Weise können Sie weitere Untermenüs erstellen und entsprechend verlinken. Selbstverständlich können Sie einen verlinkten Text weiterhin editieren und modifizieren, was wir im Folgenden beschreiben.

⇨ Markieren Sie den verlinkten Text. In der Bibliothek wird automatisch die Rubrik für eine Textmodifizierung angewählt (siehe Abbildung 3.64).

⇨ Weitere Stile in der Übersicht erhalten Sie, wenn Sie in der Bibliothek den Drop-Down-Button (Pfeil nach unten) anklicken (siehe Abbildung 3.65).

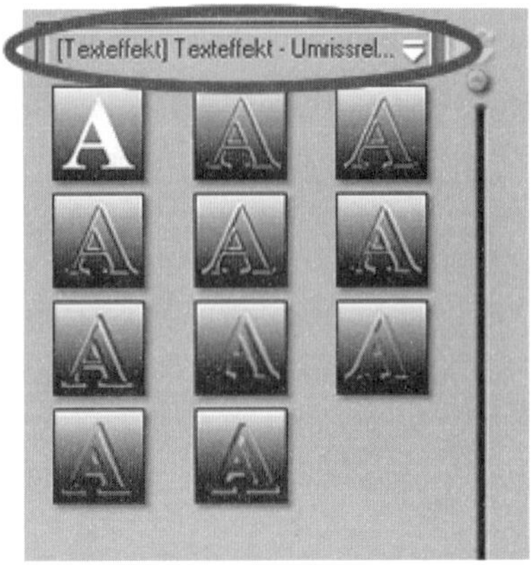

Abb. 3.64: Texteigenschaften in der Bibliothek

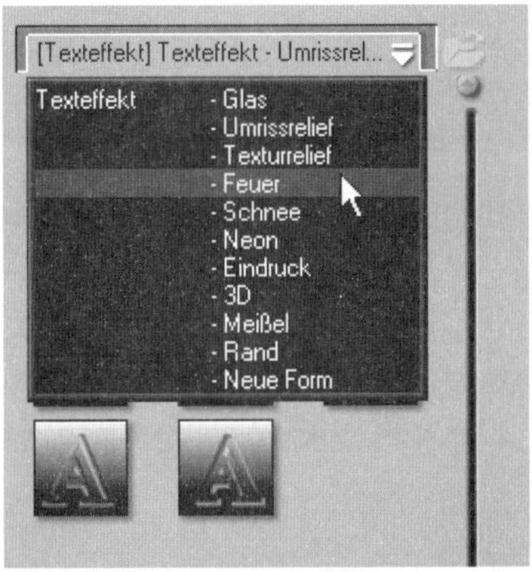

Abb. 3.65: Auswahl der Texteigenschaften über das Menü der Bibliothek

⇨ Um einen Stil auf einen Text anzuwenden brauchen Sie nur den gewünschten Stil per Drag&Drop aus der Bibliothek auf den Text zu ziehen. (Testen Sie einige Stile, um die Ergebnisse zu sehen.) Um einen angewendeten Stil wieder rückgängig zu machen klicken Sie einfach in der Werkzeugleiste auf das Symbol *Rückgängig*.

Abb. 3.66: Button *Rückgängig* in der Werkzeugleiste

Nach Abschluss der Modifikation könnte Ihr Text danach zum Beispiel so aussehen.

Abb. 3.67: Modifizierter Text

⇨ Als Abschluss können Sie diesen Text noch formatieren (1) und festlegen, wie der Text später in der Markierung und in der Aktivierung erscheinen soll (2). Dazu wählen Sie einfach unter dem Register *Text* in der Werkzeugleiste den Punkt *Attribute* und stellen den Text nach Ihren Vorstellungen ein. (Auch erscheint hier der Hinweis, mit welchem Link dieser Text versehen ist! (3)) Um zu sehen, wie sich der Text und die Verlinkung später verhalten, klikken Sie einfach in der Menüleiste auf *Beenden* und schauen sich die Vorschau an!

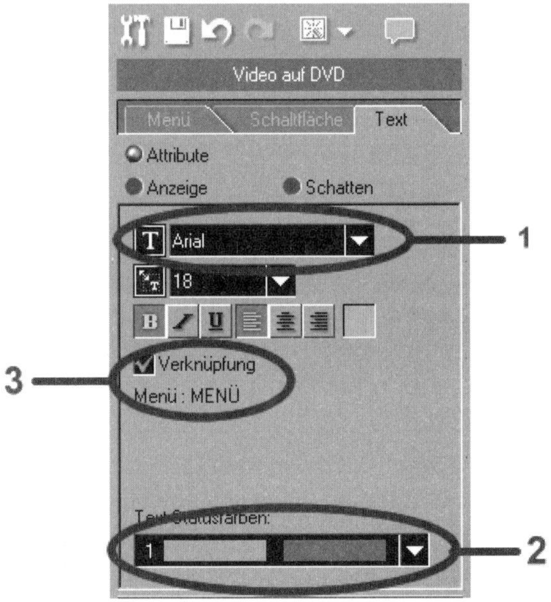

Abb. 3.68: Texteinstellungen im Register *Text* der Werkzeugleiste

Als Abschluss möchten wir unsere Menüs noch benennen, um eine bessere Übersicht in Hinblick auf weitere Verlinkungen zu erreichen.

⇨ Markieren Sie dazu das zu benennende Menü in der Menüliste.

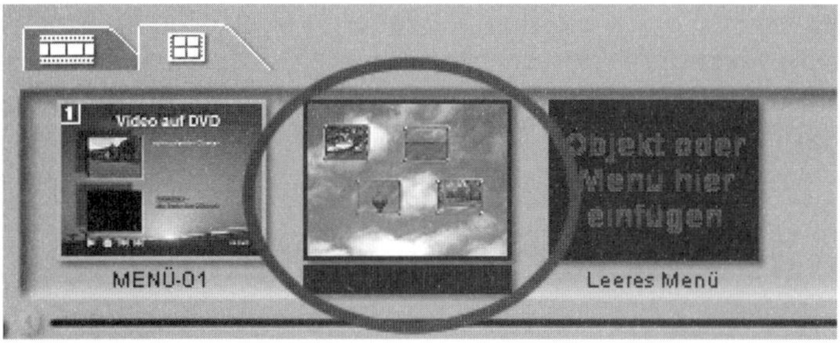

Abb. 3.69: Markieren des Untermenüs durch Doppelklick

⇨ Klicken Sie nun per Einfachklick auf den dicken blauen Balken unterhalb des Thumbnails. Die blaue Markierung wird entfernt und der Cursor an den Wortanfang gesetzt.

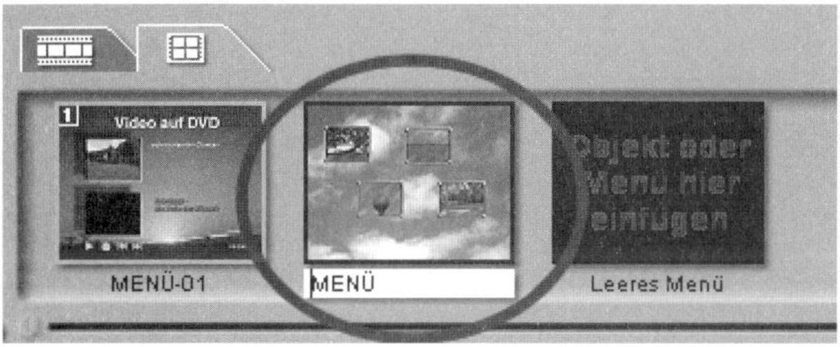

Abb. 3.70: Menübezeichnung eingeben

⇨ Tragen Sie nun einfach eine Bezeichnung für dieses Menü ein und klicken Sie nach Abschluss in einen freien Bereich der Arbeitsoberfläche – fertig!

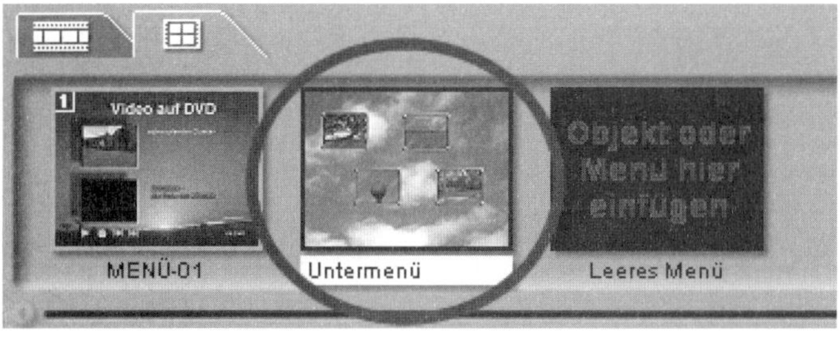

Abb. 3.71: Menübezeichnung nach Texteingabe

Auf diese Weise erstellen Sie alle weiteren Menüs und können diese mit einem Text oder Wort verlinken. Im Anschluss an diesen Abschnitt möchten wir Ihnen zeigen, wie Sie Elemente zur Menüsteuerung miteinander verlinken.

Menüsteuerung erstellen

Eine Menüsteuerung bzw. -führung macht dann Sinn, wenn Sie mehrere Menüs erstellt haben und von einem Menü zum nächsten oder vorherigen gelangen wollen. Dazu können Sie spezielle Buttons verwenden, die auch jedem anderen bekannt sein sollten, ohne zu erraten, was sich hinter diesen Buttons verbirgt.

Gemeint sind Buttons wie: *vor*, *zurück*, *Home* (Hauptmenü).

Abb. 3.72: Beispielbuttons für eine Menüsteuerung

⇨ Wählen Sie das Hauptmenü durch Doppelklick in der Menüliste an.

⇨ Die vorhandenen Buttons sollen durch andere ersetzt werden. Somit sollten zuerst die bereits durch den Assistenten platzierten Buttons gelöscht werden. Klicken Sie dazu jeden einzelnen Button an und drücken Sie danach auf Ihrer Tastatur die [Entf]-Taste.

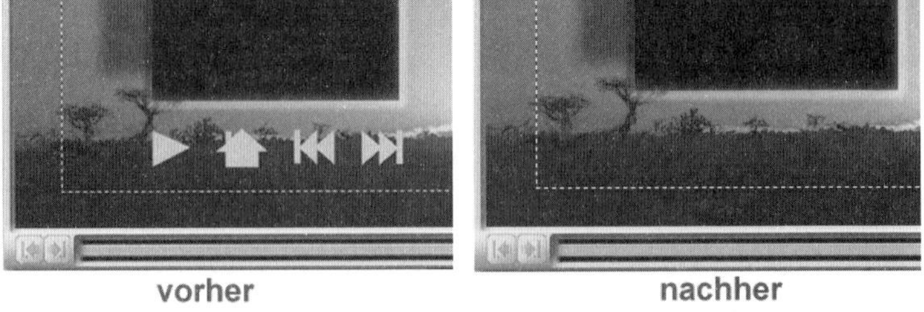

Abb. 3.73: Buttons ersetzen

⇨ Klicken Sie nun in der Werkzeugleiste auf das Register *Schaltfläche* und wählen Sie bitte danach in der Bibliothek die Rubrik *Schaltfläche - Allgemein*.

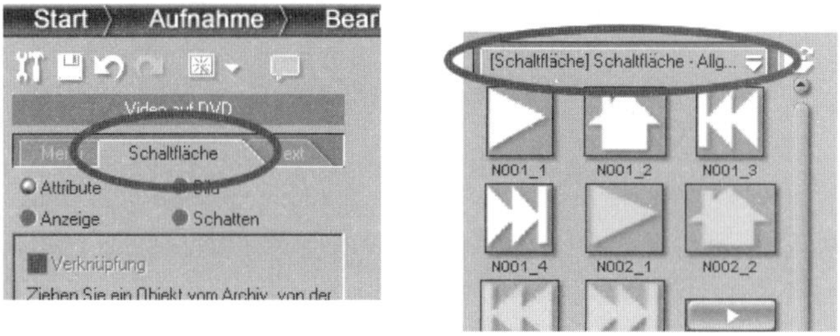

Abb. 3.74: Anwählen der Register *Schaltfläche* und *Schaltfläche - Allgemein*

⇨ Ziehen Sie nun per Drag&Drop den Button *Vor* in den Monitor auf das Hauptmenü. Da der Button recht groß wirkt, skalieren wir diesen etwas kleiner.

Abb. 3.75: Platzierter Button im Monitor

⇨ Klicken Sie mit der linken Maustaste doppelt rechts neben diesen Button, so dass ein blinkender Cursor erscheint.

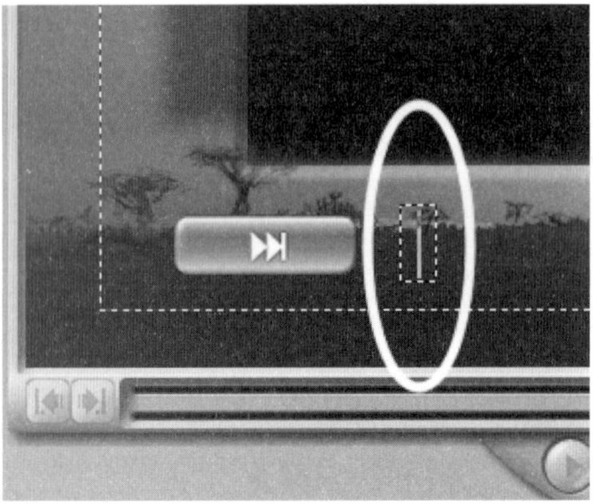

Abb. 3.76: Gesetzter Cursor durch Doppelklick im Monitor

⇨ Schreiben Sie nun an dieser Marke `nächstes Menü` und formatieren Sie den Text nach Ihren Vorstellungen.

⇨ Ziehen Sie danach das zweite Menü per Drag&Drop aus der Menüliste auf den Button *Vor* im Monitor.

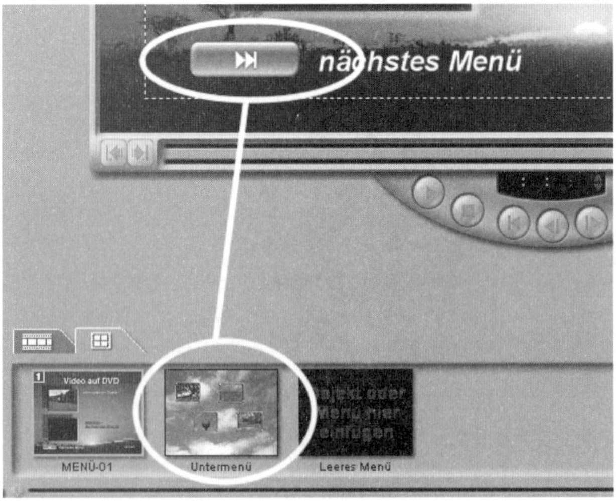

Abb. 3.77: Untermenü per Drag&Drop auf den Button ziehen

⇨ Aktivieren Sie nun das zweite Menü (Untermenü), so dass dieses im Monitor erscheint.

⇨ Platzieren Sie nun den Button *Zurück* wie beim Button *Vor* beschrieben für das Untermenü.

⇨ Skalieren Sie diesen Button und platzieren Sie einen Text mit der Bezeichnung *Hauptmenü*. In unserem Fall sieht das Ergebnis so wie in der folgenden Abbildung aus.

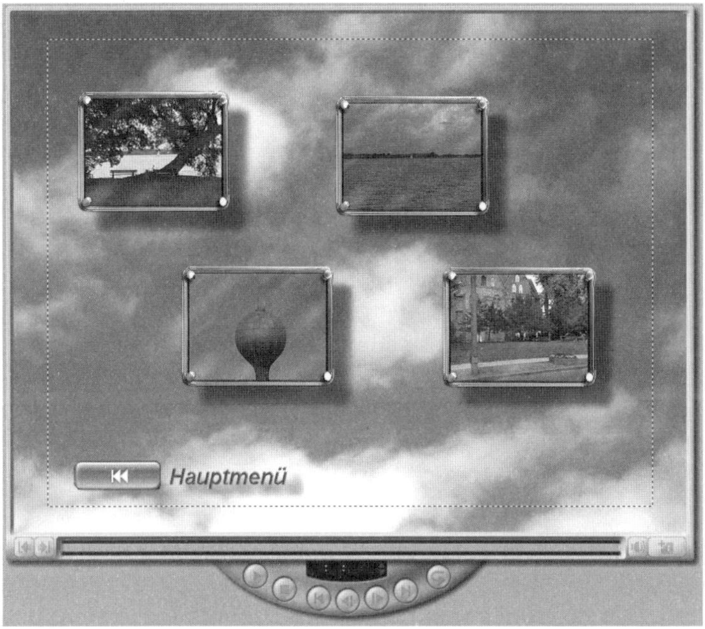

Abb. 3.78: Gesamtansicht des Untermenüs im Monitor

TIPP

Platzieren Sie alle Elemente innerhalb des gestrichelten Rahmens! Dieser Rahmen bezeichnet den definitiv sichtbaren Bereich. Das heißt, die Elemente, die außerhalb des gestrichelten Rahmens gesetzt werden, können unter Umständen nicht oder nur teilweise angezeigt werden.

⇨ Ziehen Sie nun das Hauptmenü aus der Thumbnailansicht der Menüliste per Drag&Drop auf den Button im Monitor. Damit wurde ein Link zum Hauptmenü erstellt.

⇨ Speichern Sie Ihr Projekt und überprüfen Sie anschließend die Funktionsweise in der Vorschau.

Im Prinzip können Sie auf diese Art und Weise weitere Untermenüs erzeugen und verlinken. Selbstverständlich können Sie auch Ihr Hauptmenü auf diese Weise erstellen. Lediglich bei einem neuen Projekt wird immer zuerst der Menü-Assistent aufgerufen. Aktivieren Sie in diesem einfach die Checkbox *Standardmenü (leer)* und klicken Sie danach auf *Fertig stellen*. Sodann wird ein einfaches Menü mit farbigem Hintergrund erstellt, welches Sie weiter modifizieren können.

TIPP

In der ersten Zeit werden Sie sicherlich oft mit Menüs arbeiten. Dabei sollten Sie darauf achten, dass in der Menüliste immer nur so viele Menüs aufgelistet sind, wie Sie auch wirklich verwenden. Bedenken Sie, dass alle in der Menüliste aufgelisteten Menüs, ob verlinkt oder nicht, bei der Erstellung Ihrer DVD mit gerendert werden. Ersparen Sie sich Zeit und Festplattenspeicher, indem Sie nur Elemente zum Brennvorgang übernehmen, welche Sie auch wirklich verwenden.

Damit wären wir auch schon beim *Brennen*. Nachdem Sie Ihr Projekt fertig gestellt und überprüft haben, ist es an der Zeit, die erste DVD zu erstellen. Wie das funktioniert, erfahren Sie im folgenden Kapitel.

4 DVD brennen

Ziel des Kapitels

⇨ DVD erstellen

Schritte zum Erfolg

⇨ Notwendige Einstellungen vornehmen

⇨ Brennen der DVD

In diesem Kapitel beschreiben wir die Einstellungen zum Brennen einer DVD. Bevor Sie jedoch mit dem Brennen beginnen, sollten Sie den neuesten Patch installieren. Mit diesem Patch werden Fehler bereinigt, welche in der ersten Version der Ulead DVD PowerTools Asynchronitäten und Fehler mit einigen DVD-Recordern hervorriefen.

CD

Den bei Drucklegung des Buches aktuellen Patch finden Sie auf der Buch-CD.

Zur Installation dieses Patches brauchen Sie nur auf die ausführbare Datei zu klicken und den Anweisungen zu folgen. In der Regel werden keine Einstellungen von Ihnen verlangt, da der Patch alle notwendigen Einstellungen automatisch vornimmt.

Notwendige Einstellungen

⇨ Klicken Sie in der Menüleiste auf den Menüeintrag *Beenden*.

Abb. 4.1: Menü *Beenden* in der Menüleiste

⇨ Wie üblich, so passt sich auch diesmal die Werkzeugleiste dem Menü an.

In diesem Menü haben Sie die Möglichkeit:

⇨ eine DVD, VCD oder S-VCD zu brennen

⇨ ein Image auf Ihrer Festplatte zu erstellen

⇨ das Projekt nochmals zu speichern

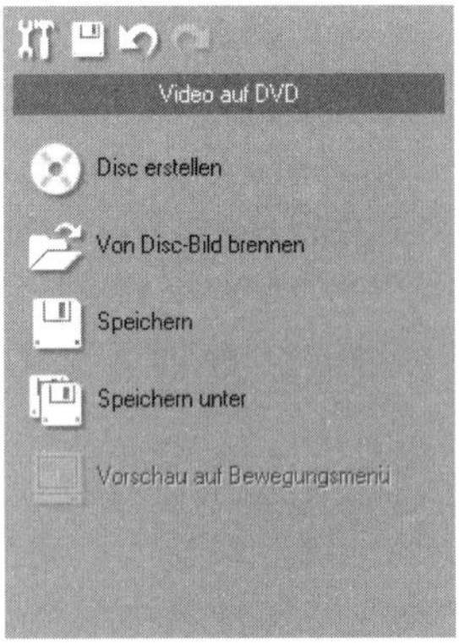

Abb. 4.2: Werkzeugleiste im Menü *Beenden*

⇨ das Projekt unter einem anderen Namen zu speichern

Haben Sie Ihr Projekt in der Vorschau nochmals überprüft und für gut befunden, so klicken Sie danach in der Werkzeugleiste auf *Disc erstellen* und im darauf erscheinenden Untermenü auf *Hohe Qualität*.

Abb. 4.3: Auswahl der Qualität vor dem Erstellen einer Disc

Es erscheint ein Fenster wie in der folgenden Abbildung.

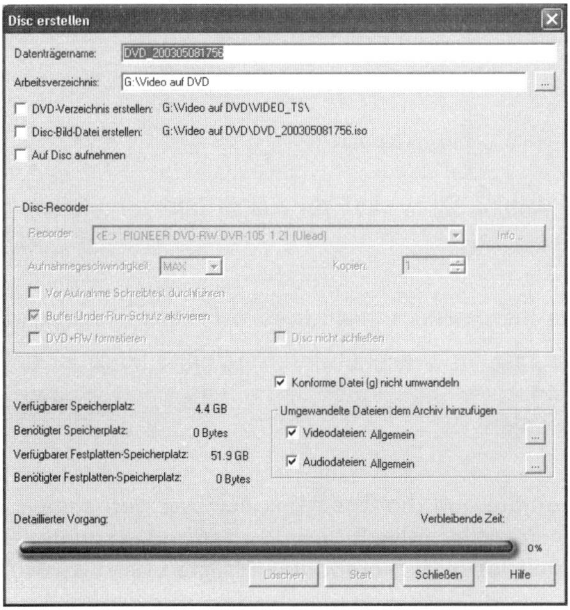

Abb. 4.4: Fenster für Disc-Erstellung

⇨ In das Listenfeld *Datenträgername* tragen Sie bitte einen gültigen Namen für Ihre zukünftige DVD ein.

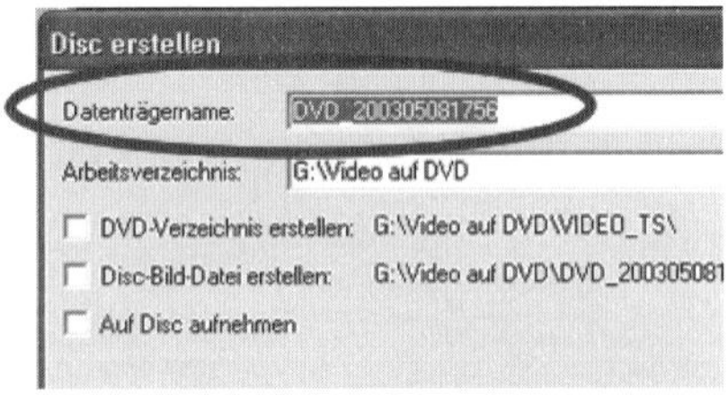

Abb. 4.5: Eingabe der Datenträgerbezeichnung

⇨ Im Listenfeld *Arbeitsverzeichnis* ist Ihr zuvor angegebenes Verzeichnis, entsprechend Ihres Projektnamens eingetragen. Wie im Vorfeld erwähnt sollte diese Festplatte über ausreichend Festplattenspeicher verfügen, damit auch temporär ausgelagerte Dateien (z.B. Renderaufgaben) gespeichert werden können.

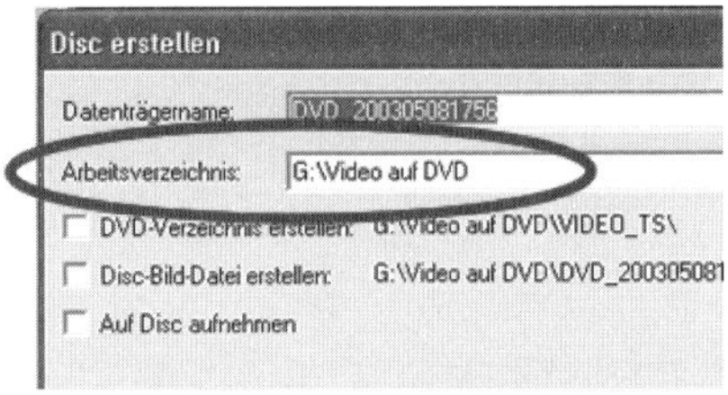

Abb. 4.6: Angabe für das Arbeitsverzeichnis

TIPP

Sollte diese Festplatte nicht über ausreichend Speicher verfügen, so werden Sie darauf hingewiesen und aufgefordert, eine andere Festplatte zu wählen.

⇨ Aktivieren Sie nun die Checkbox *Auf Disc aufnehmen*. Im Listenfeld *Disc-Recorder* sollte Ihr installierter und erkannter DVD-Recorder aufgelistet sein. (Kompatibilitätsliste unter: *www.ulead.de*).

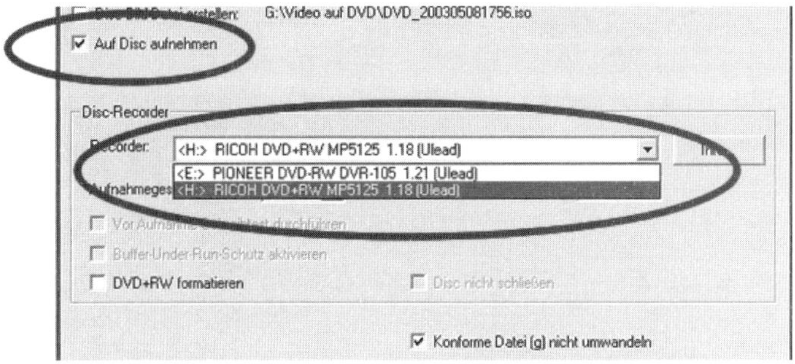

Abb. 4.7: Auswahl Ihres DVD-Recorders

⇨ Legen Sie nun Ihren wiederbeschreibbaren DVD-Rohling in den DVD-Recorder ein.

⇨ Der Recorder erkennt automatisch, dass es sich um eine wiederbeschreibbare DVD handelt, und die Software stellt alle benötigten Checkboxen zur Verfügung. Da dieser DVD-Rohling erst formatiert werden muss, sollten Sie die Checkbox *DVD+RW formatieren* aktivieren.

Abb. 4.8: Aktivieren der Formatfunktion

⇨ Klicken Sie danach auf *Start*, worauf der Brenn- und Formatierungsvorgang beginnt. Die Einstellungen für Buffer-Under-Run-Schutz werden im Verlauf der Aktion automatisch aktiviert. Der aktuelle Status wird optisch durch einen blauen Laufbalken angezeigt.

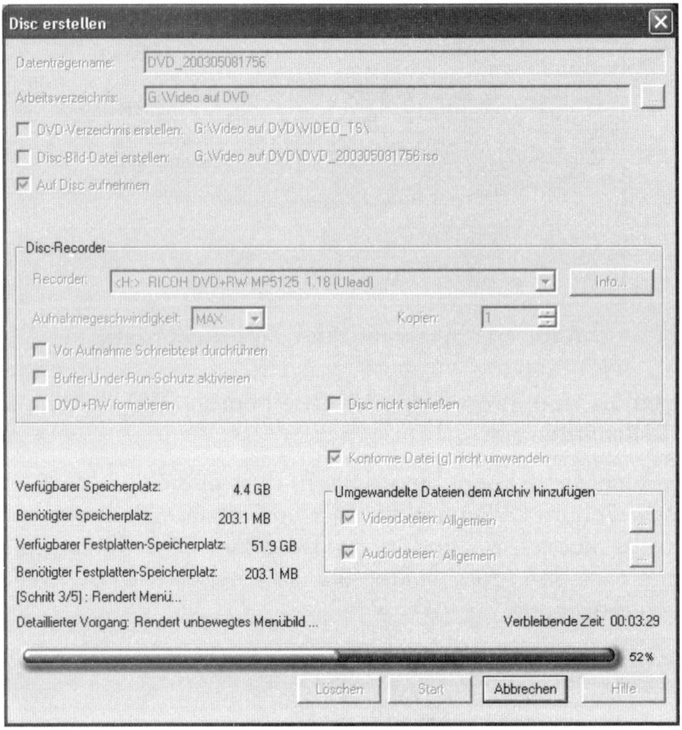

Abb. 4.9: DVD wird erstellt

Je nach Projektgröße und Renderaufgaben kann dieser Vorgang einige Zeit in Anspruch nehmen. Nach Abschluss des Brennvorgangs wird die DVD ausgeworfen, womit Ihr DVD-Authoring abgeschlossen ist. Jetzt können Sie diese DVD in jedem DVD-ROM-Laufwerk oder DVD-Player abspielen.

5 Super-Video-CDs erstellen

Ziel des Kapitels

⇨ Erstellen einer Super-Video-CD

Schritte zum Erfolg

⇨ MPEG2-Datei importieren

⇨ Projekteinstellungen

⇨ Menü erstellen

⇨ Verlinken von Buttons für das NUM-Pad einer Fernbedienung

⇨ Super-Video-CD brennen

Im Folgenden beschreiben wir ein S-VCD-Authoring. Auch bei einer S-VCD können Sie mit Menüs arbeiten. Dazu sollten Sie jedoch unbedingt den Videostandard 2.0 achten. Nur im Videostandard können Menüs angelegt werden. Ansonsten wird eine S-VCD nach dem Einlegen sofort abgespielt. Das Setzen von Kapiteln ist bei einer S-VCD nicht möglich. Weiterhin müssen Sie darauf achten, dass die MPEG2-Dateien im Format 480 x 576 PAL vorliegen. Hinweise zu Formaten und Standards entnehmen Sie bitte der Formattabelle.

Ein Vorteil der S-VCD ist die Tatsache, dass das Videoprojekt auf eine ganz normale CD geschrieben werden kann. Je nach Qualität der MPEG-Dateien können bis zu 60 Minuten auf eine CD gebrannt werden. Sollten Sie ohnehin nur kleine Filme bzw. Videos herstellen, ist eine S-VCD-Produktion nicht nur schneller, sondern auch um vieles günstiger.

Der Vorteil einer DVD ist dabei jedoch nicht von der Hand zu weisen. Was und wie Sie im Endeffekt produzieren, bleibt ganz allein, Ihnen überlassen. Wir jedenfalls wünschen Ihnen schon jetzt viel Freude bei der Erstellung Ihrer nächsten S-VCD.

MPEG2-Datei importieren

⇨ Öffnen Sie Ulead DVD PowerTools aus der Programmgruppe oder über die erstellte Verknüpfung auf Ihrem Desktop.

⇨ Es erscheint Ulead DVD PowerTools in der Ausgangsoberfläche (siehe Abbildung 5.1).

⇨ Klicken Sie in der Werkzeugleiste auf den Button *Neues Projekt* (siehe Abbildung 5.2).

⇨ Im darauf folgenden Fenster aktivieren Sie bitte die Checkbox SVCD und tragen in das Listenfeld *Projektname:* einen gültigen Namen für Ihr Projekt ein. Achten Sie auch darauf, dass im Listenfeld *Ort* eine Festplatte mit genügend Festplattenspeicher eingetragen ist. Zwar wird für eine S-VCD-Produktion nicht so viel Speicher wie bei einer DVD-Produktion benötigt aber sicher ist sicher (siehe Abbildung 5.3).

Abb. 5.1: Gesamtansicht nach dem Start der Software

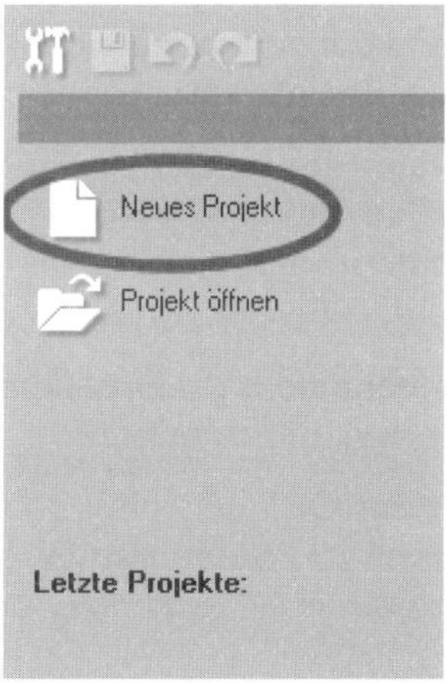

Abb. 5.2: Neues Projekt erstellen

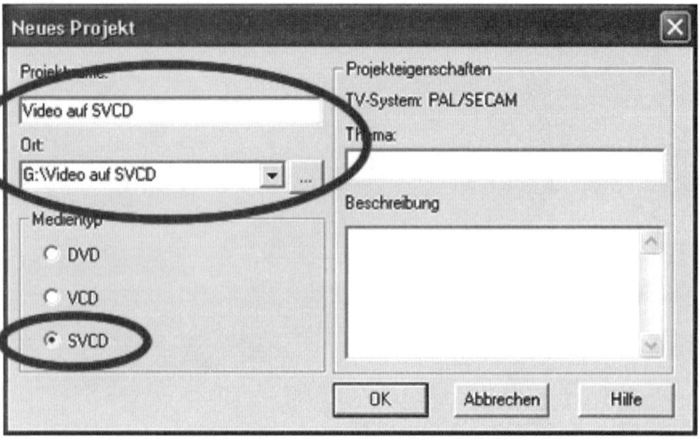

Abb. 5.3: Einstellungen für das neue Projekt festlegen

⇨ Schließen Sie nach Ihren Eingaben dieses Fenster durch Klick auf *OK*.

Ulead DVD PowerTools wechselt nun automatisch in das Menü *Bearbeiten*.

⇨ Bevor Sie mit Ihrer Arbeit beginnen, sollten Sie nochmals die Einstellungen hinsichtlich der TV-Norm überprüfen. Klicken Sie dazu in der Werkzeugleiste auf den Werkzeugbutton und im sich darauf öffnenden Untermenü auf *Voreinstellungen*. Sie können aber auch die Taste F6 auf Ihrer Tastatur drücken (siehe Abbildung 5.4).

⇨ Im sich öffnenden Fenster überprüfen Sie bitte die Einstellungen hinsichtlich der Qualität und der TV-Norm. Die anderen Einstellungen belassen Sie bitte in den Voreinstellungen oder orientieren sich an der Abbildung 5.5.

⇨ Korrigieren Sie gegebenenfalls die Einstellungen und schließen Sie danach das Fenster durch Klick auf *OK*.

⇨ Klicken Sie nun auf das Ordnersymbol neben der Bibliothek, um die erste MPEG2-Datei zu importieren (siehe Abbildung 5.6).

Abb. 5.4: Menü in der Werkzeugleiste

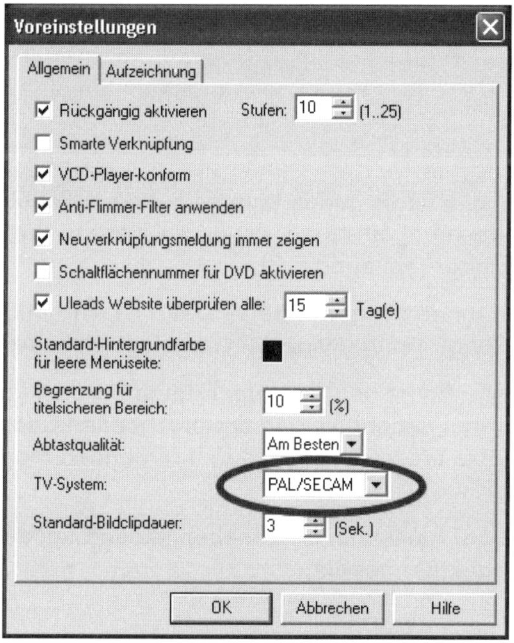

Abb. 5.5: TV-Norm festlegen

Abb. 5.6: Button zum Importieren der Clips

⇨ Im sich öffnenden Fenster wählen Sie bitte eine gültige MPEG2-Datei für eine S-VCD-Produktion aus und übernehmen diese durch Klick auf *Öffnen*.

TIPP

Für eine S-VCD-Produktion im Videostandard 2.0 gilt das Format: 480 x 576 PAL. Weitere Hinweise entnehmen Sie bitte der Formattabelle.

⇨ Im Fenster *Videodatei laden* können Sie die MPEG2-Datei in der Vorschau nochmal einsehen, bevor Sie diese in Ihr Projekt übernehmen (siehe Abbildung 5.7).

⇨ Das so von Ihnen ausgewählte MPEG2-File wird in der Bibliothek unter der Rubrik *Video - Allgemein* abgelegt (siehe Abbildung 5.8).

⇨ Die Eigenschaften einer der aufgelisteten Dateien können Sie jederzeit abrufen, indem Sie den entsprechenden Clip mit der rechten Maustaste anklicken und im sich öffnenden Menü auf *Eigenschaften* klicken.

⇨ Öffnen Sie so, wie vorher beschrieben, jeden Clip, den Sie für Ihre S-VCD-Produktion benötigen.

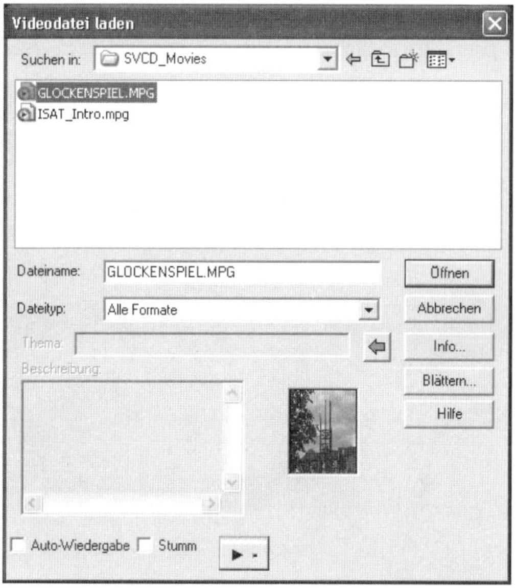

Abb. 5.7: Videodateien importieren

Abb. 5.8: Importierte Clips in der Clipliste

⇨ Möchten Sie Ihre S-VCD mit einem Intro eröffnen, so ziehen Sie dieses nun per Drag&Drop in das Thumbnail *Erstwiedergabe* in der Titelliste.

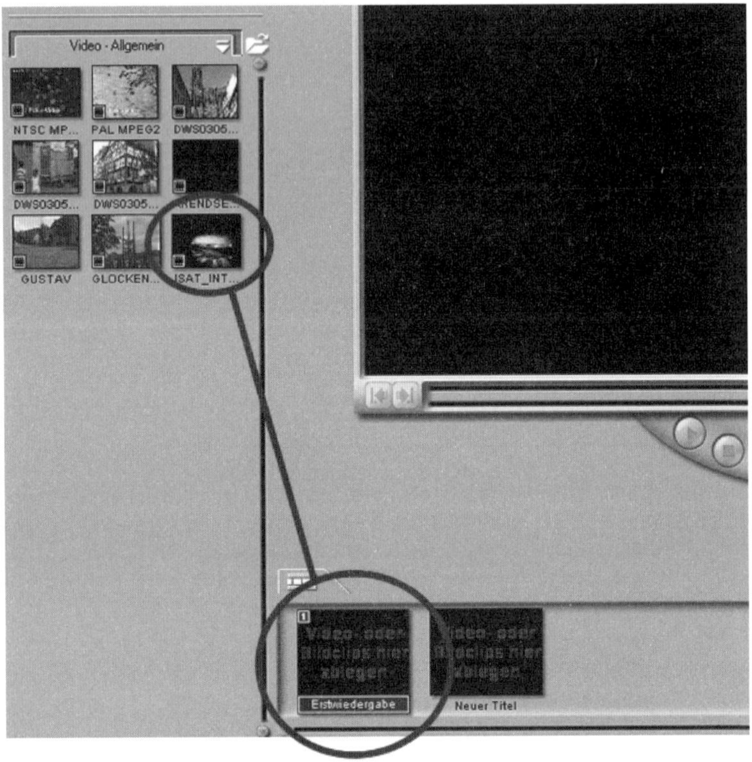

Abb. 5.9: Clip für die Erstwiedergabe festlegen

⇨ Alle weiteren Titel platzieren Sie so in die folgenden Thumbnails *Neuer Titel*.

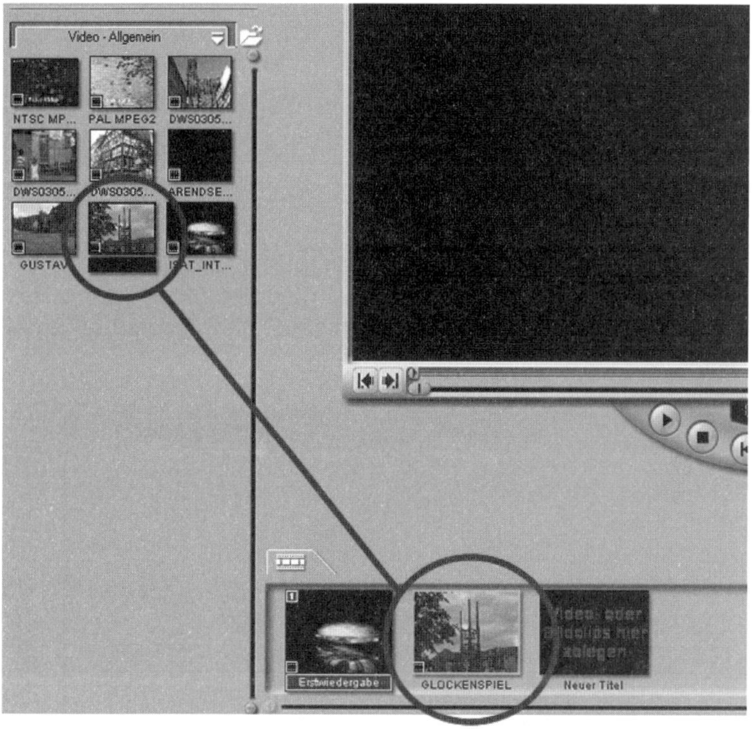

Abb. 5.10: Clips in die Titelliste einfügen

TIPP

Sie können zwar die Kapitelliste einblenden und einen Titel in Kapitel aufteilen, jedoch hat dies KEINE Auswirkungen beim Abspielen Ihrer S-VCD. Auch bei einer S-VCD im Videostandard 2.0 sind keine Kapitel anwählbar – auch nicht, wenn Sie die Kapitel in Ihrem Menü platzieren und verlinken.

⇨ Klicken Sie nach Abschluss Ihrer Titelmontage in der Menüleiste auf den Menüeintrag *Menü*.

Abb. 5.11: Eintrag *Menü* in der Menüleiste

Menü erstellen

⇨ Unmittelbar nachdem Sie diesen Menüpunkt gewählt haben, erscheint der Menü-Assistent. Definieren Sie hier, ob Sie ein leeres Menü anlegen oder ein Menü mit Hilfe des Assistenten anlegen möchten.

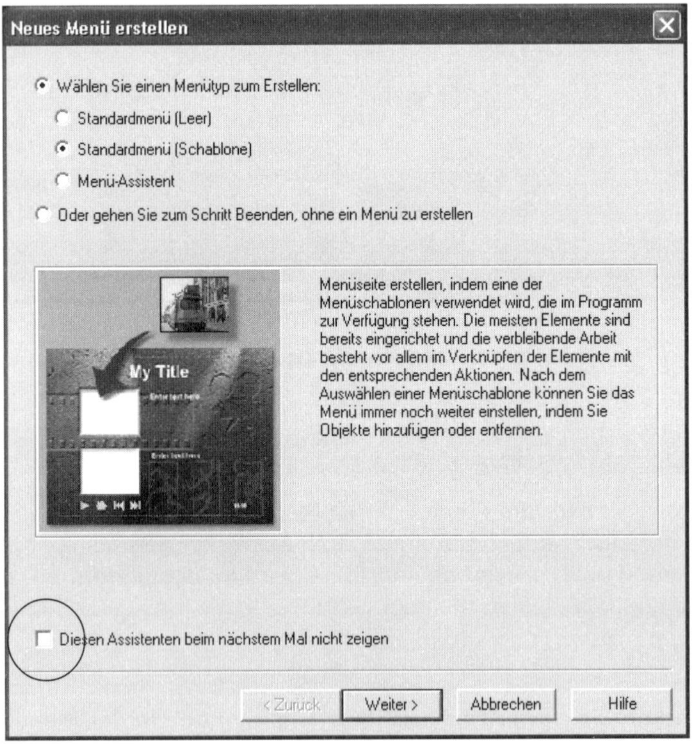

Abb. 5.12: Menü-Assistent

Möchten Sie, dass der Assistent nicht mehr erscheint, wenn Sie ein neues Projekt angelegt haben, so aktivieren Sie die Checkbox, wie in der Abbildung 5.12 gezeigt.

Für unsere Beschreibung aktivieren wir die Checkbox *Standardmenü (leer)*, womit im Monitor eine einfarbige Fläche hergestellt und der Assistent geschlossen wird.

Abb. 5.13: Gesamtansicht nach Assistent ohne Vorlage

⇨ Klicken Sie nun in der Werkzeugleiste auf das Register *Menü* (siehe Abbildung 5.14).

⇨ Klicken Sie nun in der Bibliothek auf den Pulldown-Button und wählen Sie im sich öffnenden Menü die Rubrik *Bild - Allgemein* (siehe Abbildung 5.15).

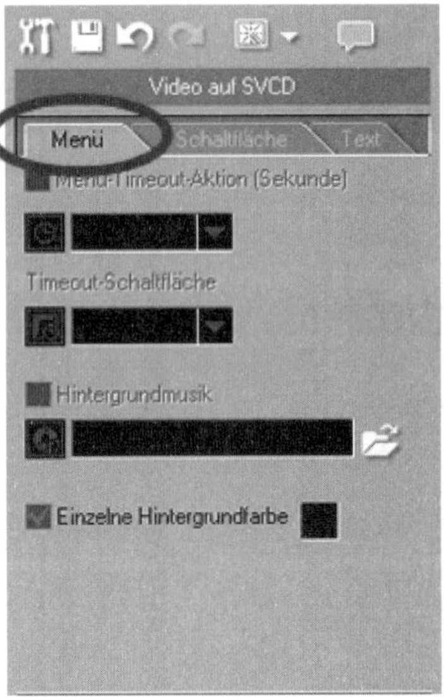

Abb. 5.14: Register *Menü* in der Werkzeugleiste

Abb. 5.15: Menühintergrund wählen

⇨ Es erscheint eine Vielzahl von Bildern, die Sie als Menühintergrund verwenden können. Wählen Sie Ihren gewünschten Hintergrund aus und ziehen Sie diesen per Drag&Drop in den Monitor.

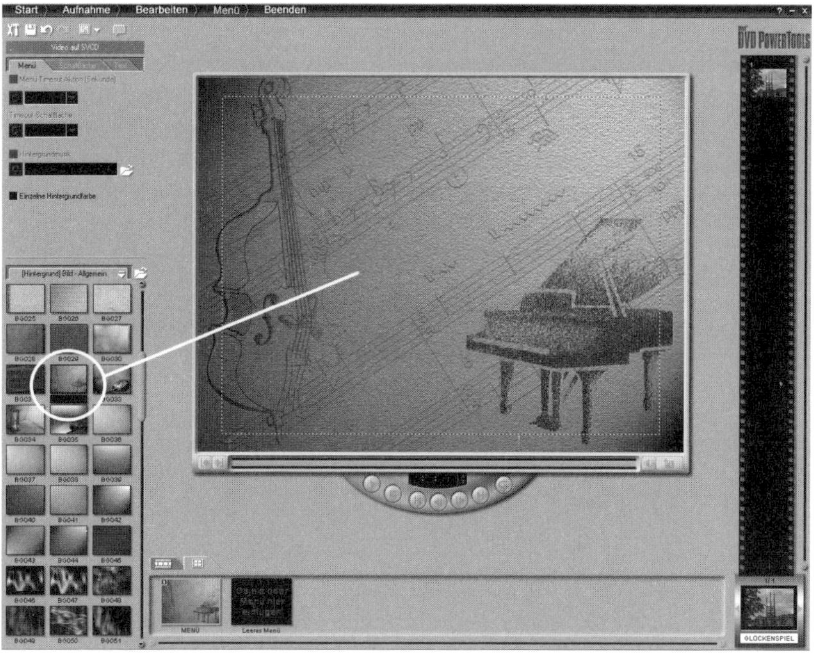

Abb. 5.16: Menühintergrund in den Monitor ziehen

⇨ Als Nächstes wählen Sie bitte in der Werkzeugleiste das Register *Schaltfläche* (siehe Abbildung 5.17).

⇨ Wählen Sie dann in der Bibliothek die Rubrik *Rahmen* (siehe Abbildung 5.18).

⇨ Ziehen Sie von hier einen Rahmen Ihrer Wahl per Drag&Drop in den Monitor (siehe Abbildung 5.19).

⇨ Wählen Sie jetzt in der Titelanzeige Ihren ersten Titel durch Klick auf die schwarzen Dreiecke neben der Vorschau aus (siehe Abbildung 5.20).

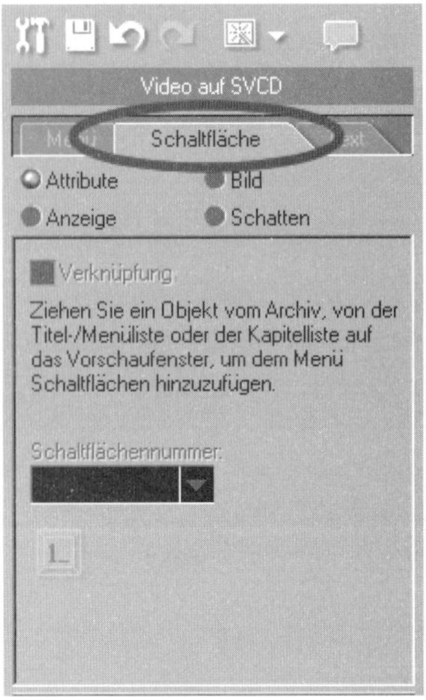

Abb. 5.17: Register *Schaltfläche* in der Werkzeugleiste

Abb. 5.18: Auswahl des Rahmens

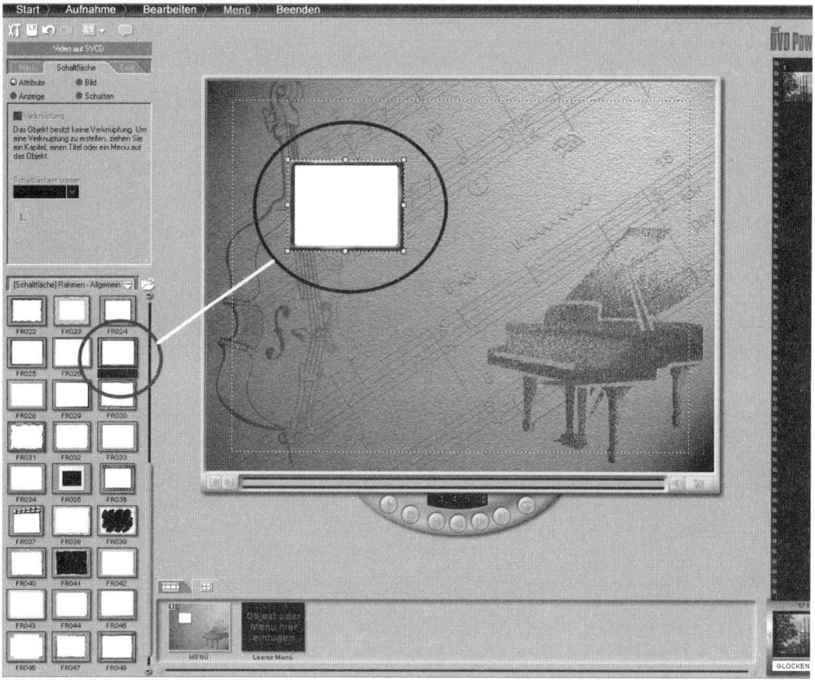

Abb. 5.19: Platzieren eines Rahmens im Monitor

Abb. 5.20: Titelwahl unterhalb der Kapitelliste

⇨ Der erste Frame des ausgewählten Titels erscheint in der Kapitelliste als Thumbnail und wird mit einer *1* (eins) gekennzeichnet.

Abb. 5.21: Gewählter Titel in der Kapitelliste

⇨ Ziehen Sie nun dieses Thumbnail per Drag&Drop in den zuvor platzierten Frame im Monitor. Das Thumbnail wird automatisch der Größe des Rahmens angepasst.

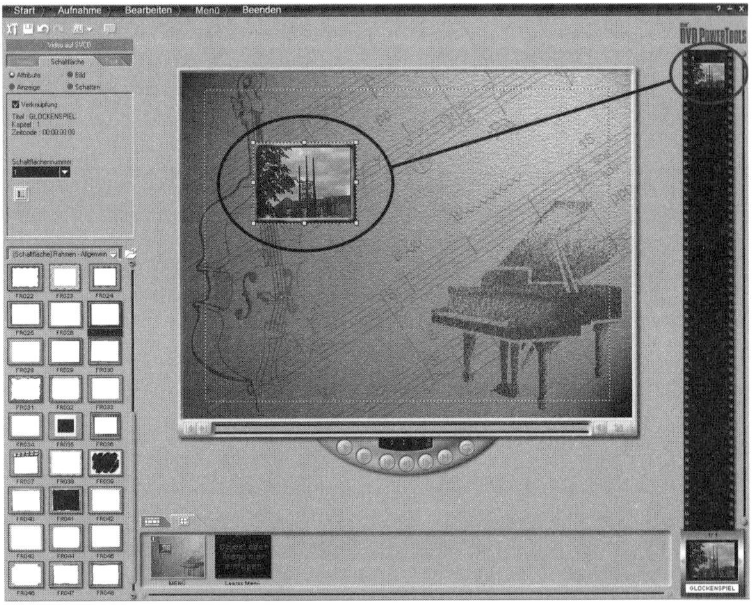

Abb. 5.22: Titel oder Kapitel in den Rahmen ziehen

TIPP

Sie werden feststellen, wie im Vorfeld erwähnt, dass jetzt in der Werkzeugleiste zwar ein Link zum platzierten Titel erscheint, jedoch keine weiteren Modifikationen vorgenommen werden können

(Bewegungsmenü etc.). Das heißt, Sie können diesen Frame später nicht anklicken! Dieser so gezeigte Titel kann nur über das Pad (Nummerntastatur) angesteuert werden!

⇨ Da sämtliche Titel einer S-VCD nicht über das Menü anwählbar sind, ist es notwendig, jedem Titel eine numerische Zuweisung zu erteilen, damit jeder Titel auf einer S-VCD auch über das Pad abgespielt werden kann.

⇨ Klicken Sie dazu doppelt in einen freien Bereich des Monitors, worauf ein blinkender Cursor an dieser Stelle erscheint.

Abb. 5.23: Gesetzter Cursor im Monitor

⇨ Schreiben Sie hier nun eine Zahl hin, über welche auf dem Pad der hier gezeigte Titel abgespielt werden soll. Formatieren Sie anschließend Ihre Texteingabe nach Ihren Wünschen über die Werkzeugleiste.

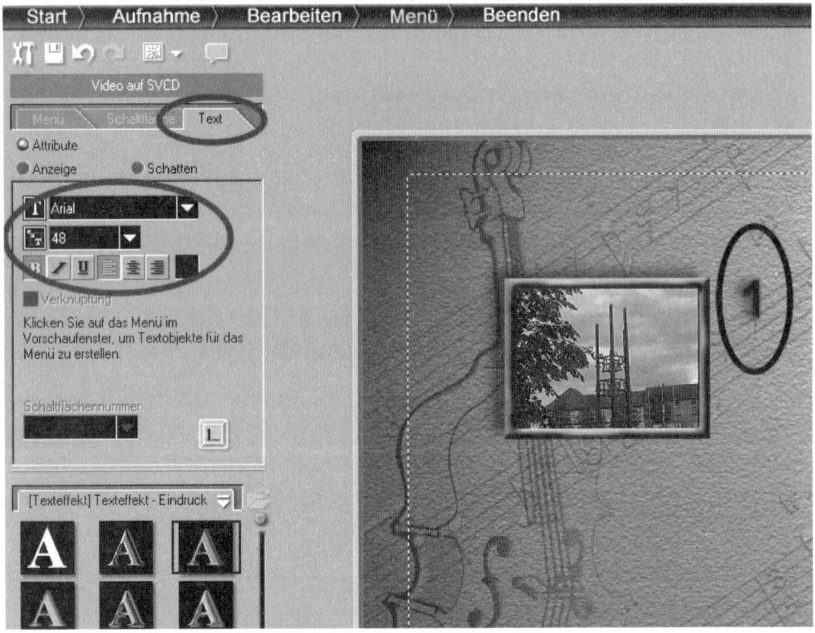

Abb. 5.24: Nummerierung setzen und formatieren

⇨ Damit auch der richtige Titel abgespielt wird, sollten Sie in der Werkzeugleiste unter dem Register *Schaltfläche* nochmals den entsprechenden Link überprüfen. Markieren Sie dazu die Titel im Frame per Klick und überprüfen Sie die Linkeinstellungen (siehe Abbildung 5.25).

⇨ Sie können auch eine automatische Nummerierung vornehmen, indem Sie in der Werkzeu-gleiste den *NUM*-Button anklicken. Dem so markierten Titel wird automatisch die nächstmögliche Nummerierung zugewiesen (siehe Abbildung 5.26).

TIPP

Überprüfen Sie nach der Vergabe der Nummern, ob die numerische Zuweisung im Monitor mit der numerischen Verlinkung in der Werkzeugleiste übereinstimmt. (Es wäre schlecht, wenn später auf dem Pad der Fernbedienung die Taste [4] gedrückt und der Titel mit der Nummer 2 abgespielt wird.)

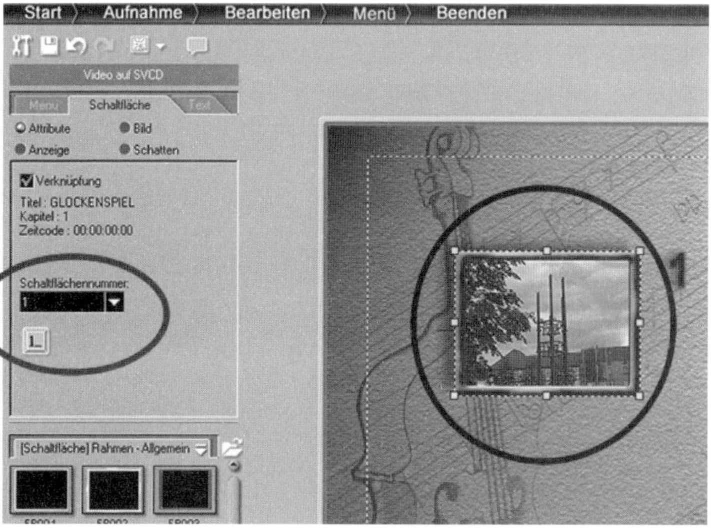

Abb. 5.25: Im Register *Schaltfläche* die Nummerierung prüfen

Abb. 5.26: Neuvergabe der Schaltflächennummer

Als Abschluss können Sie Ihre Titel noch benennen und eine Hintergrundmusik festlegen.

⇨ Zum Benennen eines Titels klicken Sie neben diesen, bis ein blinkender Cursor erscheint, und geben Ihre Bezeichnung für diesen Titel ein.

Abb. 5.27: Benennen des Titels

⇨ Um die Bezeichnung zu formatieren geben Sie in der Werkzeugleiste die entsprechenden Parameter ein (siehe Abbildung 5.28).

⇨ Wenn Sie die Bezeichnung weiter optisch aufwerten möchten, so wählen Sie über die Bibliothek in der Rubrik *Texteffekt* aus verschiedenen Effekten aus.

Damit wären alle Arbeiten bzw. Vorbereitungen für eine S-VCD getroffen und das so erstellte Projekt kann dem Brennvorgang übergeben werden.

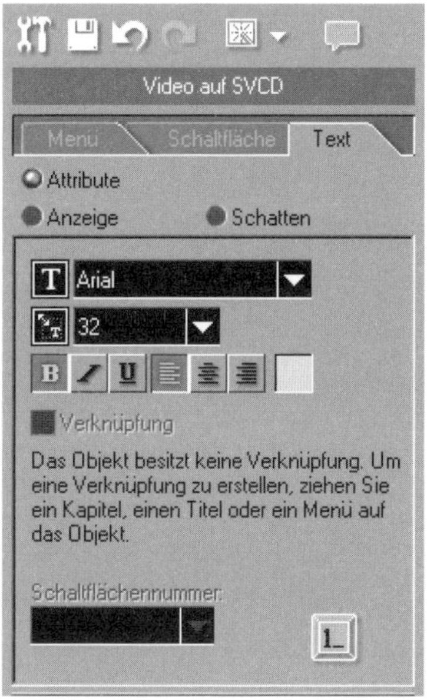

Abb. 5.28: Formatieren Sie den Text im Register *Text*

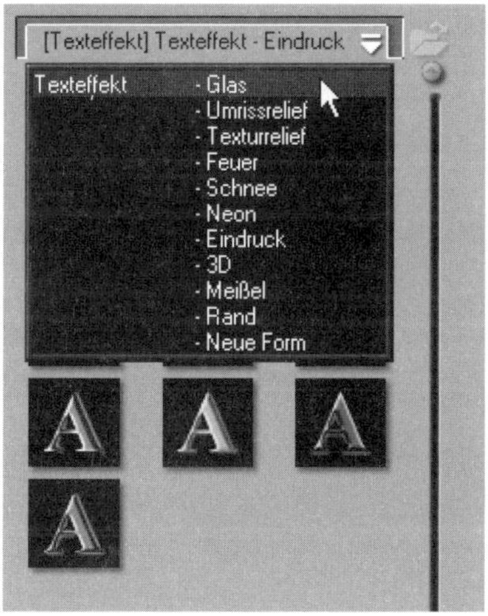

Abb. 5.29: Texteffekte in der Bibliothek auswählen

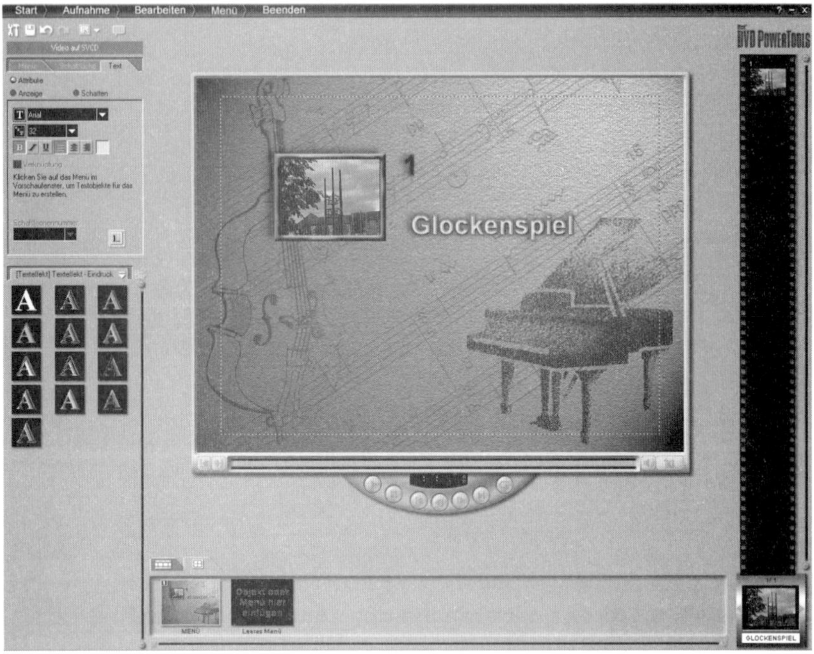

Abb. 5.30: Gesamtansicht nach Beendigung der Arbeiten

S-VCD brennen

⇨ Klicken Sie in der Menüleiste auf den Menüeintrag *Beenden*.

Abb. 5.31: Menü *Beenden* in der Menüleiste

⇨ In diesem Menü haben Sie die Möglichkeit, Ihr erstelltes Projekt noch vor dem Brennen zu überprüfen. Klicken Sie dazu einfach auf den Button *Wiedergabe* der aufgezeigten Steuerung.

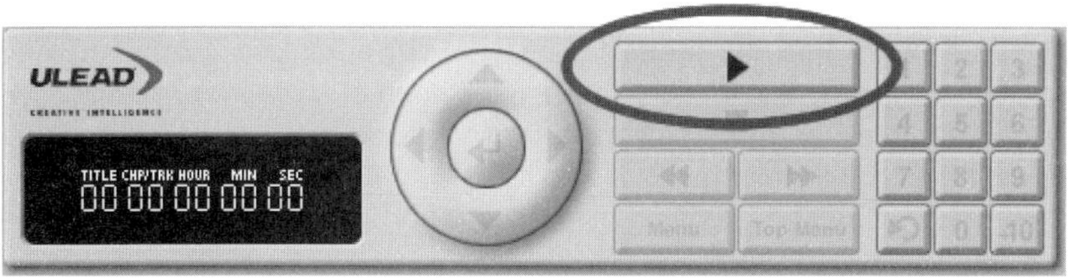

Abb. 5.32: Fernsteuerung zum Überprüfen der Funktionen

⇨ Wie zu Anfang erwähnt, wird zuerst das Intro abgespielt. Danach erscheint das von Ihnen erstellte Menü.

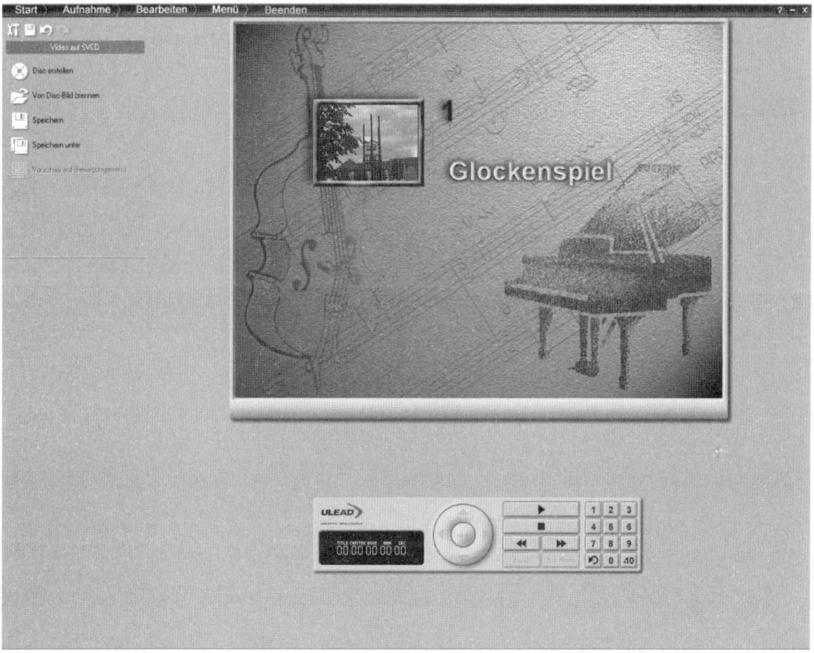

Abb. 5.33: Gesamtansicht im Menü *Beenden*

⇨ Jetzt können Sie auch Ihre Titelsteuerung austesten, indem Sie auf dem NUM-Pad die jeweils dem Titel zugeordnete Zahl drücken. Sollte eine Funktion nicht Ihren Wünschen entsprechen, so können Sie jederzeit in die Menüerstellung zurückkehren, um eine Anpassung vorzunehmen.

Abb. 5.34: Fernsteuerung mit aktivem NUM-Pad

Über die Werkzeugleiste haben Sie die Möglichkeit:

⇨ eine S-VCD zu brennen

⇨ ein S-VCD-Image zu erstellen

⇨ Ihr Projekt zu sichern (wichtig!)

⇨ Ihr Projekt unter einem anderen Namen zu speichern

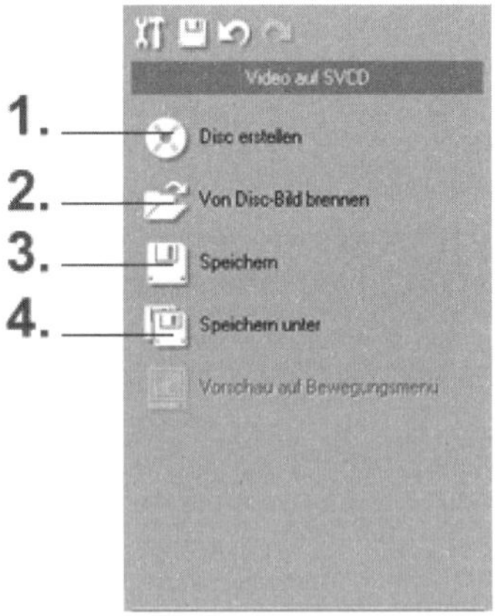

Abb. 5.35: Werkzeugleiste im Menü *Beenden*

⇨ Klicken Sie nun in der Werkzeugleiste auf den Button *Disc erstellen* und im darauf erscheinenden Menü auf den Eintrag *Hohe Qualität*.

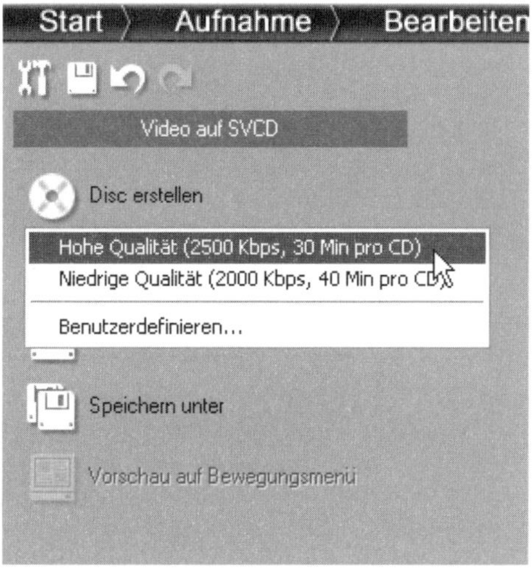

Abb. 5.36: Auswahl der Qualitätsstufe

⇨ Es erscheint das Fenster *Disc erstellen* (siehe Abbildung 5.37). Geben Sie hier im Listenfeld *Datenträgername* einen gültigen Namen für Ihre S-VCD ein und aktivieren Sie bitte den Button *Auf Disc aufnehmen*.

⇨ Im Listenfeld *Recorder* sollte Ihr DVD- bzw. CD-Recorder aufgelistet sein.

TIPP

Für eine S-VCD ist der Einsatz eines DVD-Recorders nicht notwendig. Sie können stattdessen auch einen CD-Recorder verwenden (Yamaha, Plextor, Creative usw.).

⇨ Legen Sie Ihren CD-Rohling in das Recorder-Laufwerk.

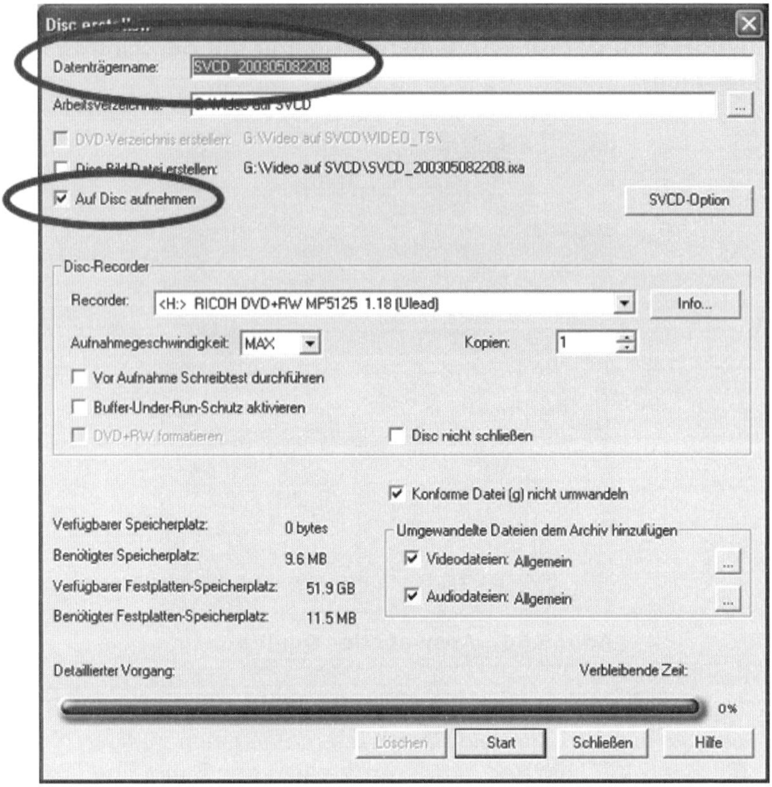

Abb. 5.37: Fenster *Disc erstellen* im Menü *Beenden*

TIPP

Beim Einsatz einer unformatierten CD-RW muss diese erst formatiert werden. Setzen Sie eine bereits bespielte CD-RW ein, so muss diese vor dem Brennen gelöscht werden (siehe Abbildung 5.38).

⇨ Bei Klick auf *Start* beginnt der Brennvorgang und die einzelnen Aktionen werden durch einen blauen Fortschrittsbalken optisch angezeigt (siehe Abbildung 5.39).

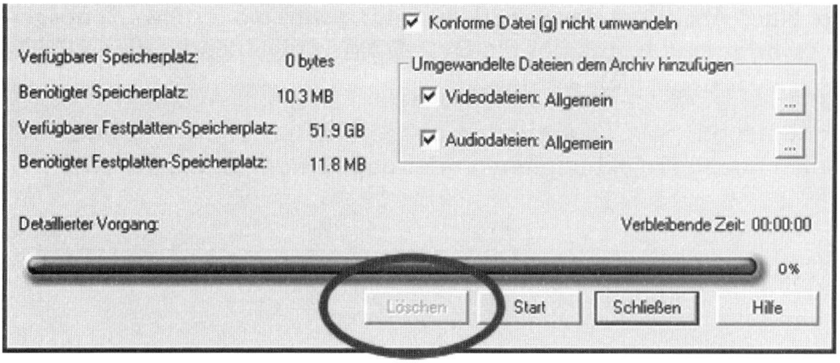

Abb. 5.38: Button *Löschen* formatiert CD-RWs

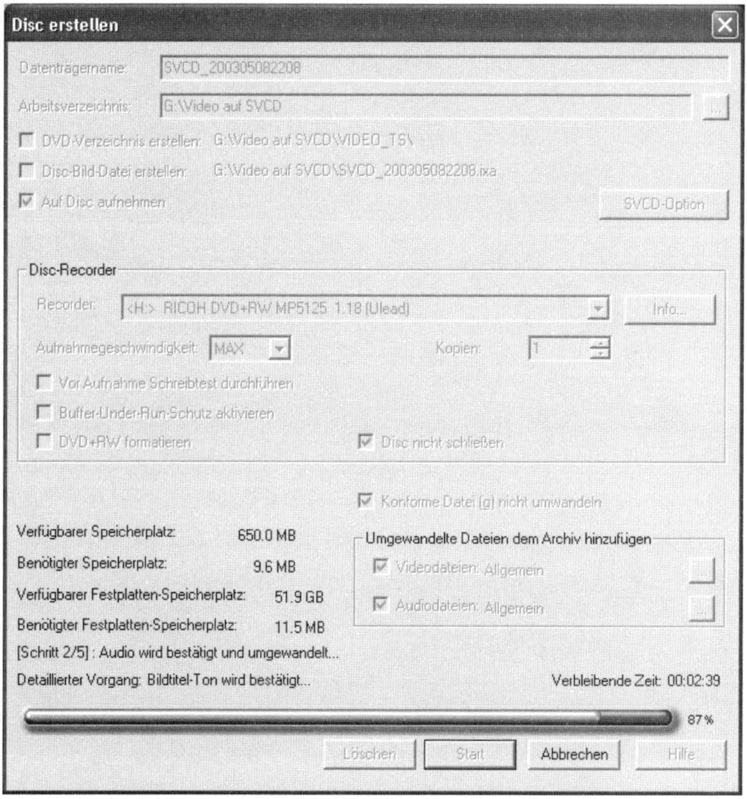

Abb. 5.39: Brennvorgang wurde gestartet

⇨ Nach Abschluss der S-VCD-Erstellung wird die fertige CD ausgeworfen und kann über ein DVD-ROM-Laufwerk oder einen DVD-Player abgespielt werden.

Damit ist das S-VCD-Authoring abgeschlossen und Sie können mit einem neuen Projekt beginnen oder das vorhandene erweitern.

6 Tipps und Tricks

Ziel des Kapitels

- Nützliche Zusatzinformationen

Schritte zum Erfolg

- Abspielen der Titel festlegen
- Eigene Bilder als Hintergrund einfügen

Im Folgenden beschreiben wir einige Aktionen, die bei der Beschreibung zum DVD- bzw. S-VCD-Authoring keine Erwähnung fanden.

Abspielen der Titel festlegen

Wechseln Sie in das Menü *Bearbeiten*.

In der Titelleiste sollten all Ihre importierten und dem Projekt zugeordneten Titel als Thumbnail aufgelistet sein. Alle Titel können per Drag&Drop in dieser Liste verschoben werden. Als erster Titel wird immer der Clip in *Erstwiedergabe* abgespielt. Ist das Thumbnail *Erstwiedergabe* leer, so wird sofort das Menü eingeblendet. Ansonsten gilt die Reihenfolge in der Titelliste.

Wird z.B. über das Menü der Clip *Arendsee_DVD.mpg* (1) abgespielt, so wird nach deren Ende der Clip *Gustav.mpg* (2) abgespielt. Soll aber zuerst der Clip (2) abgespielt werden und danach der Clip (1), dann ziehen Sie einfach einen der beiden Clips auf die Position des anderen. Die Clips (Titel) werden dann automatisch getauscht.

Abb. 6.1: Anordnung der Titel (Clips) in der Titelliste

Sie können aber auch das Verhalten eines Titels nach der Wiedergabe beeinflussen. Klicken Sie dazu mit der rechten Maustaste auf den entsprechenden Clip und legen Sie im darauf folgenden Kontextmenü fest, ob:

- ⇨ der nächste Titel abgespielt werden soll
- ⇨ das Menü wieder erscheinen soll

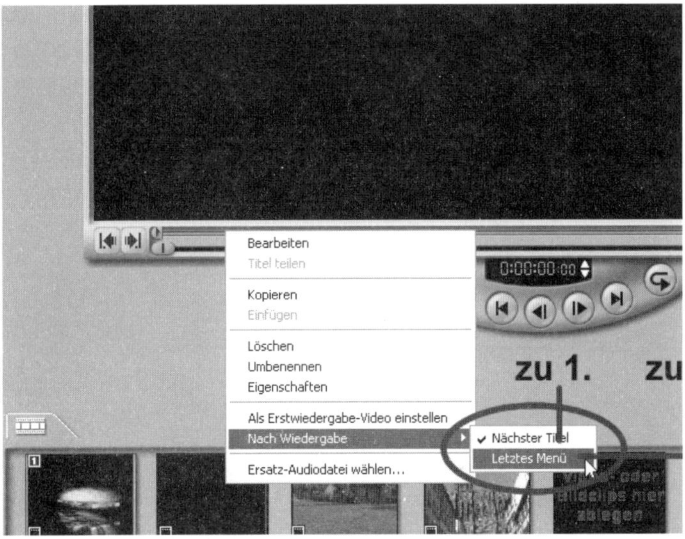

Abb. 6.2: Verhalten des Titels nach der Wiedergabe festlegen

Eigene Bilder als Hintergrund einfügen

Um eigene Bilder in die Bibliothek einzufügen, müssen Sie sich im Menü *Edit* oder im Menü *Menu* befinden.

⇨ Wählen Sie in der Bibliothek die entsprechende Rubrik und klicken Sie danach bitte auf das Ordnersymbol.

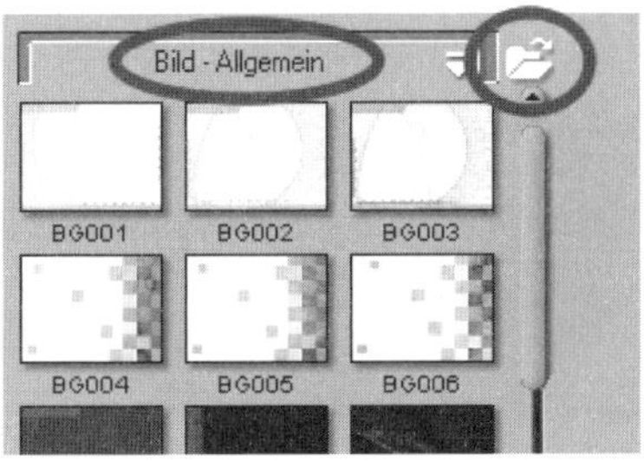

Abb. 6.3: Für Bildimport das Ordnersymbol anklicken

⇨ Es erscheint das Fenster *Bilddatei laden*, in welchem Sie den Speicherort der gewünschten Datei wählen. Haben Sie die Datei lokalisiert, so klicken Sie diese an und klicken danach auf den Button *Öffnen*.

⇨ Das von Ihnen gewählte Bild wird der Bibliothek hinzugefügt und steht für eine weitere Bearbeitung zur Verfügung. Verfahren Sie ebenso für den Import von Audiodaten *Audio - Allgemein* und Zusatzbilder. (Für Buttons und Rahmen (Frames) werden spezielle Bildformate benötigt.)

Abb. 6.4: Eingefügtes Standbild in der Bibliothek

Index

A
Adobe Premiere ... 18, 32, 42, 49, 57
Arbeitsverzeichnis ... 154
Assistent ... 98
Aufnahme ... 64, 72
Aufnahme-Plug-In ... 74

B
Bewegungshintergrund ... 104
Bewegungsmenü ... 103
Bewegungsschaltfläche ... 110
Bibliothek ... 130
Bildimport ... 187
Brennen ... 152, 178
    Arbeitsverzeichnis ... 154
    Datenträgername ... 154
    Einstellungen ... 152
    Qualität ... 153
    S-VCD ... 178
Buffer-Under-Run-Schutz ... 155
Button ... 102, 114
    einstellen ... 108

C
Capturen ... 64, 72
Clipliste ... 81, 87
Clips
    einsehen ... 82
    importieren ... 85
    löschen ... 83

D
Dateiformat ... 34
Datenträgername ... 154
DVD ... 54, 57
    brennen ... 152
    DVD-Datei erstellen ... 54
    MPEG-Datei für DVD via LSX Standalone erstellen ... 54
DVD-Authoring ... 98
DVD-Menü ... 98

E
Eigene Bilder ... 187
Encoder ... 14
Erstwiedergabe ... 89

F
Fernsteuerung ... 122
Filmexport ... 33
FireWire ... 73
Fortschrittsanzeige ... 81
Frame ... 111

G
Gerätesteuerung ... 77
Gesamtansicht ... 70

H
Hintergrund
    Eigene Bilder ... 187
Hintergrundmusik ... 105

I
IEEE 1394 ... 73
Import ... 85

J
Jingle ... 106

K
Kapitel ... 91
Kapitelliste ... 93

L
Link 140
Load Videofile 85
LSX-MPEG Encoder 14
installieren 14
Profile Manager 24
Standalone LSX-MPEG
Encoder 22
LSX-MPEG Premiere Plug-In 44

M
Menü 166
anpassen 103
Assistent 98
Bewegungsmenü 103
einrichten 102
erstellen 98
Hintergrundfarbe 107
Hintergrundmusik 105
Menüsteuerung 146
Standbild 127
Text 119
Untermenü erstellen 133
Vorlagen 98
Werkzeugleiste 100
Menü-Assistent 98, 132, 166
Menüleiste 63
Aufnahme 64
Bearbeiten 64
Beenden 65
Menü 65
Menüsteuerung 146
Monitor 66
Motion-Menü 103
MPEG-2 .... 14, 58
MPEG-Einstellungen 77

N
NUM-Button 174
NUM-Pad 180

P
Patch 152
Plug-In 74
Preferences 113
Projekt
öffnen 125
testen 121
Projekteinstellungen 67

Q
Qualität 153

R
Rahmen 111
Recorder 155
Rückgängig 111

S
S-VCD 46, 49, 158
brennen 178
Menü erstellen 166
MPEG-Datei für S-VCD
via Standalone LSX
erstellen 46
NUM-Button 174
Nummerierung 174
S-VCD-Datei erstellen 46
S-VCD-Produktion 158
Schaltflächen 102
einstellen 108
Schaltflächennummer 175
Schatten 114
Schatten-Menü 115
Schattenfarbe 118
Shadow 114
Speichern 95
Standbild 127, 131
als Hintergrund 127
Stile 141
Super-Video-CD 51, 158

T
Test 121
Text 119
ändern 120
formatieren 177
Textmodifizierung.................. 141
Thumbnailgröße 88
Thumbnails............................. 81
Titel
abspielen......................... 186
Titelanzeige 139
Titelliste 81
TV-Norm 71

U
Ulead DVD PowerTools 62, 98
Menüleiste 63
Monitor 67
Neuanlage eines Projekts... 68
Programm starten 62
Projekteinstellungen 67
Speicherort festlegen 69
Startansicht 68
Voreinstellungen 71
Werkzeugleiste 65
Untermenü 133, 145

V
VCD 39
MPEG-Datei für VCD
via Premiere Plug-In
erstellen 42
MPEG-Datei für VCD
via Standalone LSX
erstellen 39
VCD-Datei erstellen 39
Verknüpfungsanzeige 109
Verlinken 140, 141
Video-CD 39
Videodatei
importieren 163
laden 85
Voreinstellungen 71
Vorlagen 99

W
Werkzeugleiste 65, 101